盧梭幸福語錄

盧梭寫道:「最幸福的狀況,並不是受到人群的極力吹捧,
而是使自己內心更高興。」可見,幸福不過是內心的愉悅罷了。

薛玉楠——著

序言

　　毋庸置疑，追求幸福是人生最大的動力，但是，什麼是幸福呢？不同的人對此有不同的理解，法國偉大思想家盧梭（1712-1778）的幸福觀，也許會給我們新的啟迪。在《對話錄》中，盧梭寫道：「最幸福的狀況並不是受到人群的極力吹捧而是使自己內心更高興」。可見，幸福不過是內心的愉悅罷了。內心是我們最大的財富，別人可以買走我們的技能，卻掠奪不了我們的內心。幸福的人，不求諸遠，反求諸己，因為自身就是幸福的寶藏。幸福，需要安於平凡的生活，需要高尚的道德情操，需要理性的智慧，需要樸實的需求，甚至需要自我隱遁，但無論如何，幸福都是一種心靈平和的狀態。人世易逝，萬物流轉。春天的花，秋天就要衰敗；青春的黑絲，轉瞬就成白髮。有沒有永恒的幸福呢？答案是不言而喻的，內心平和的人，不管外在世界如何變幻，心裡的湖泊都不會有些許的漣漪。內心平和的人是有福的，因為心中充滿愛，世界才是光明的；心中是寧靜的，世界才是安詳的。一切取決於我們的心。

　　猶如強健的身體寄寓美好的靈魂一樣，盧梭深邃的思想就隱藏在那卷帙浩繁的著作中，披沙瀝金，才能於璞石中得寶玉，於訓導中得教益。盧梭關於生活，關於愛情，關於社會與政治、金錢與財富，關於友誼，關於自然等的

教誨，也將給我們更多的人生啟示。他主張適度的欲望，即不苛責自己又不放縱自己；他認為人應該有自我供養的才幹，這樣才能不依賴別人，成為自己的主人；他親近自然，認為自然是人類最公正的母親；他心懷悲憫，同情人類，也同情動物，因為它們和我們一樣具有感覺；他追求自由和公正，認為良好的社會制度需要公約和法律的護航；他深責朋友的背叛，但也主張寬容，他認為朋友間一次真誠的擁抱即可冰釋前嫌。

與偉人交談，雖不可成為偉人，但已近於偉人，猶如凡人聽禪，久而久之，雖不能為佛，佛性卻已灌注全身了。希望通過對這本小書的閱讀，您也能與盧梭促膝而坐，侃侃而談，若能得少許的教益，便是編者最大的心願。

目錄

Rousseau

Jean-Jacques
Rousseau

第一章

幸福的理念

追求幸福是生命的動力

我們人生的意義是什麼？我們為什麼要來這世上走一遭呢？

答案是：追求幸福的生活。

經驗告訴他，追求幸福乃是人類活動的唯一動力。（《懺悔錄》）

看清楚什麼是幸福

也許，你認為激情的生命是幸福的；也許，你幻想悠閒舒適的生活。

人生的目標是幸福的生活，但是，如果我們不知道何為幸福，那麼我們追求的又是什麼呢？

人們總是願意自己幸福，但人們並不總是能看清楚幸福。（《社會契約論》）

幸福的真諦

幸福既簡單又複雜。蓋姆神父的話，也許能夠給我們更多關於幸福的啟示。

蓋姆神父苦口婆心地勸我做一個安分守己的人，使我

正確地認識自己……我對人生有一些錯誤的概念，他給我描繪出一幅人生的真實圖畫；他給我指出，賢德的人為何總能在逆境中走向幸福，怎樣在逆風中堅持前進，力求達到幸福的彼岸；他向我指出為什麼沒有美德就毫無真正的幸福可言，為什麼在任何境遇中都可以做一個賢德的人。他盡力削弱我對達官顯貴的愛慕；同時向我證明：統治別人的人並不比別人更賢明，也不見得比別人更幸福。他跟我說過一句至今我還時常回憶起來的話，大意是，假使每個人都能洞悉別人心裡所想的，那麼他就會發現，願意退後的人一定會多於想往上爬的人。這種真實動人並且沒有任何誇張的觀察，給了我極大的幫助，使我一生之中，始終怡然自得地安於自己的地位……他使我體會到，激昂太過則易轉低沉；持續不斷、始終不懈地盡自己的本分，所需要的毅力並不亞於英雄事業所需要的毅力。他還使我體會到：做好小事情更能獲得榮譽和幸福，經常受到人們的尊敬比讓別人讚美數次要強過百倍。（《懺悔錄》）

幸福是狀態的持續

生活中的小事，是我們幸福的源泉，它們普普通通，以致引不起我們的注意。但是，正是這些點滴小事的匯

聚,給我們帶來連綿的歡樂。

對我來說,每一件都是一種享受,但它們是那樣平淡無奇,以致無可轉述。再說,真正的幸福是不能描寫的,它祇能體會,體會得越深就越難加以描寫,因為真正的幸福不是一些事實的匯集,而是一種狀態的持續。(《懺悔錄》)

幸福是一種永恒的境界

人世間,萬物都在流走,祇有幸福才是永恒的。

在這飽經風霜的漫長一生中,我曾注意到,享受到最甘美、最強烈的樂趣的時期並不是回憶起來最能吸引我、最能感動我的時期。這種狂熱和激情的短暫時刻,不管它是如何強烈,也正因為是如此強烈,祇能是生命的長河中稀疏散布的幾個點。這樣的時刻是如此罕見、如此短促,以致無法構成一種境界;而我的心所懷念的幸福並不是一些轉瞬即逝的片刻,而是一種單純而恒久的境界,它本身並沒有什麼強烈刺激的東西,但它持續越久,魅力越增,終於引人進入至高無上的幸福之境。

人間的一切都處在不斷的流動之中。沒有一樣東西保持恒常的、確定的形式,而我們的感受既跟外界事物相

關，必然也隨之流動變化。我們的感受不是走在我們前面，就是落在我們後面，它或是回顧已不復存在的過去，或是瞻望常盼而不來的未來：在我們的感受之中毫不存在我們的心可以寄託的牢固的東西。因此，人間祇有易逝的樂趣，至於持久的幸福，我懷疑這世上是否曾存在過。在我們最強烈的歡樂之中，難得有這樣的時刻，我們的心可以真正對我們說：「我願這時刻永遠延續下去。」當我們的心忐忑不安、空虛無依、時而患得時而患失時，這樣一種遊移不定的心境，怎能叫做幸福？

假如有這樣一種境界，心靈無需瞻前顧後，就能找到它可以寄託、可以凝聚它全部力量的牢固的基礎；時間對它來說已不起作用，現在這一時刻可以永遠持續下去，既不顯示出它的綿延，又不留下任何更替的痕跡；心中既無匱乏之感也無享受之感，既不覺苦也不覺樂，既無所求也無所懼，而祇感到自己的存在，同時單憑這個感覺就足以充實我們的心靈：祇要這種境界持續下去，處於這種境界的人就可以自稱為幸福，而這不是一種人們從生活樂趣中取得的不完全的、可憐的、相對的幸福，而是一種在心靈中不會留下空虛之感的充分的、完全的、圓滿的幸福。

（《漫步遐想錄》）

祇有體驗到這種永恒的境界，你才能觸摸到幸福。

幸福是公共問題

社會和諧安定，人們生活富足，鄰里和睦，這些才是個體追求幸福的先決條件。要知道，你的幸福是和別人聯繫在一起的。

一個人的幸福難道不像整個國家一樣，也是公共問題嗎？（《論政治經濟學》）

所以，要處理好個人利益與公共利益之間的關係。

公共的利害就不僅僅是個人利害的總和，像是在一種簡單的集合體裡那樣，而應該說是存在於把他們結合在一起的那種聯繫之中；它會大於那種總和；並且遠不是公共福祉建立在個體的幸福之上，反而是公共福祉才能成為個體幸福的源泉。（《日內瓦手稿》）

幸福是相互的

如果你的幸福是別人的深淵，那麼幸福還有什麼快樂可言呢？

我們要避免我們的義務與我們的利益發生衝突，避免從別人的災難中企望自己的幸福。（《懺悔錄》）

要知道，別人幸福自己才幸福。

當人們還是我的兄弟時，我也曾有過種種關於人間幸

福的盤算；由於這些盤算牽涉到一切因素，我祇能在大家都幸福時才感到幸福，而直到我看到我的兄弟們一心想在我的痛苦中尋求他們的幸福之前，我從沒有起過要個人幸福的念頭。（《漫步遐想錄》）

我們不僅希望我們自己幸福，而且也希望他人幸福；當別人的幸福無損於我們的幸福的時候，它便會增加我們的幸福。（《愛彌兒》）

心靈是幸福之源

我們總是到遠方尋求幸福的奧秘，殊不知，我們就是最大的幸福寶藏。我們是打開幸福寶藏的鑰匙。

我尋求對我的內心更合適、在逆境中更能撫慰人心、對追求美德更有鼓勵作用的一種哲學。我在讓－雅克的著作中找到了這種哲學……在他的著作中，我認出了在我內心又重新找到的那個人，書中的思考教給我從自己內心來汲取享受和幸福，而所有其他的人則是到距離他們很遠的地方去尋找享受和幸福的。（《對話錄》）

省察內心這種習慣終於使我喪失對自己苦難的感受，甚至是對它的回憶；我這就親身體會到真正的幸福的源泉就在我們自己身上，要想把懂得怎樣追求幸福的人置於

真正可悲的境地，那真是非人力之所及。（《漫步遐想錄》）

　　內心平和，心無欲念，自我滿足，才能心外無求，這才是幸福的大境界。

幸福是內心的愉悅

　　幸福不是別人的吹捧，不是名譽和地位，而是心靈的滿足。你要和你興趣相投的人來往，那是知己；你要做你喜歡做的事，那是興趣。不要追求外表的成功，要聽取內心的聲音。

　　由於他們不從外表上去追尋自己的幸福，而是在內心感受之中追尋自己的幸福，所以，無論命運將他們置於何種地位，他們都很少折騰以便擺脫這種地位。他們不怎麼追求向上爬，相反，由於他們清楚地知道幸福的狀況並不是受到人群的極力吹捧而是使自己的內心愉悅，他們也會毫無反感地與跟自己興趣更相投、地位卻比自己低的人來往。偏見對他們很少起作用，輿論對他們絲毫起不了導向的作用。（《對話錄》）

能主宰自我的人是幸福的

激情、欲望，祇有受制於自我，一個人才能過中正平和的生活。一個幸福的人，需要用強大的鎖鏈捆綁住自己內心的野獸。

這方面她給自己定下另一個更高尚的目標：始終作為自己的主人，使自己的激情習慣於服從，使自己的欲望受規律的控制。這是成為幸福者的新方法，因為人的享受、不感到憂慮是由於喪失它時不覺得有困難；假如祇有智者才有真正的幸福，那是由於在所有的人中，祇有智者的幸福最不易被剝奪掉。（《新愛洛淇絲》）

幸福需要在困境中堅守

人難免深陷泥潭之中，能在泥潭中立身不倒的人，才能堅守原則。幸福是狀態的持續，是心境的平和，祇有不為外物所動，內心才能安如磐石。

一個人要能夠在自己的地位發生變化的時候毅然拋棄那種地位，不顧命運的擺布而立身做人，才說得上是幸福的！（《愛彌兒》）

善良的人是幸福的

幸福的人，一定是善良的人，因為上帝偏愛美德，人們向往善意。

如果世上僅有一個幸福的例子，幸福就體現在善人的身上。（《新愛洛漪絲》）

所以，做個善良的人吧！當你布施善意時，你就會收穫友誼；當你贈予愛心時，你就會收穫尊重。被愛心和尊重包裹的人，是有福的。

幸福是感受的快樂多

一個人，看到的是玫瑰花的鮮艷；另一個人，也許看到的是玫瑰的刺。看到美，才能忽略缺陷。

人人都有幸福和痛苦，祇不過是程度不同而已。誰遭受的痛苦最少，誰就是最幸福的人；誰感受的快樂最少，誰就是最可憐的人。痛苦總是多於快樂，這是我們大家共有的差別。在這個世界上，對於人的幸福祇能消極地看待，衡量的標準是：痛苦少的人就應當算是幸福的人了。（《愛彌兒》）

幸福是需求的少

幸福不是得到的多，而是需求的少。健康、友情、足以果腹的食物、平和寧靜的氛圍，這些平凡的生活狀態，才是最大的幸福。

一言以蔽之，他的消遣娛樂、他的快樂與他的勞作、他的愛好一樣，都是無傷大雅、純潔無瑕、溫和甜蜜的。在他的心靈中，沒有一種愛好是反常的，也沒有一種是要花費昂貴或者要犯罪才能滿足的。為了在人世上盡可能幸福，財富對他是沒有用的，出名就更無用。他需要的衹是健康、生活必需之物、安靜與友情。（《對話錄》）

幸福需要安於平凡的生活

有人離開故土，求取前程；有人眷戀故土，安於小家庭院。

但無論如何，都要聽從心的方向，因為「此心安處是吾鄉」。

平凡不是平庸，衹是另一種生活方式。

我的前途該是什麼樣子呢？我覺得在某些行業裡，特別在日內瓦鏤刻行業中當一名善良的手藝人，過那種平穩安定的、默默無聞的生活，倒是最合乎我的癖性，能够

給我帶來莫大的幸福。幹這種行業，雖然不能發財致富，但是溫飽有餘……我本來可以聽從自己的性格，在我的宗教、我的故鄉、我的家庭、我的朋友間，在我所喜愛的工作中，在稱心如意的交際中，平平靜靜、安安逸逸地度過自己的一生。我將會成為善良的基督教徒，善良的公民，善良的家長，善良的朋友，善良的勞動者，在任何方面都是一個老好人。我本來可以熱愛我的職業，也許還能為本業爭光，並且在度過雖然樸素微賤、但是既無風波而又安樂的一生之後，在家人的環繞中安然地瞑目。當然，大家很快就會把我忘掉。不過，衹要有人想起我，他對我一定會追念不止的。（《懺悔錄》）

幸福是溫馨的家

富有的人，可以購買漂亮的房子，卻未必買得到溫馨的家。家是幸福的港灣，不是冷冰冰的墻壁和傢具。

最富有的人是否最幸福？那麼富裕對幸福有什麼用？然而所有安排得很好的房屋是那家主人靈魂的標誌。房屋的金碧輝煌、美輪美奐和精巧，衹表明搞這一套的人的虛榮；但您到處看到沒有悲慘的秩序、沒有奴役的和平、沒有浪費的富裕的地方時，您可以確信地說：「管理這裡的

是個幸福的人。（《新愛洛漪絲》）

親近自然是幸福的

散步、遊玩、養花、種草，這些使我們更親近自然。我們本來就是自然的一員，天地合一，把自我融合在花草樹木中，心境才會豁然開朗。

日內瓦湖的景色和湖岸的綺麗風光，在我心目中老有那麼一種難以形容的特殊魅力，這種魅力不祇是由於風景之美，而是由於一種我自己也說不出的、使我感動、使我興奮的更有意味的東西。每當我來到這肥沃地方的時候，就引起我許多感想，使我思念到：這是華倫夫人出生的地方，是我父親住過的地方，是菲爾松小姐打開我情竇的地方，也是我幼年時期做過多次愉快旅行的地方；除此以外，我覺得還有一種比所有這一切更神秘更強烈地使我心情激動的原因。每當我熱烈希望享受我生來就該享受、卻又老得不到的那種幸福安適的生活，因而引起我的幻想時，我的幻想總是留戀在這肥沃地方，留戀在這湖水之濱，和這一片片景色宜人的田野之中。我一定要在這個湖畔有一處果園，而不是在別處；我要有一位忠實的朋友，一個可愛的妻子，一座小屋，一頭乳牛和一隻小船。將來

我有了這一切的時候，我才算在世上享受到了完美的幸福。（《懺悔錄》）

享受幸福每一刻

幸福是領取而今現在，是珍視和享受每一刻當下。

年齡在增長，青春在開始飛逝，生命在流走；它給予的短暫的幸福還掌握在我們手裡，而我們卻忽略了享受它！（《新愛洛漪絲》）

假如世上有幸福的生活，那無疑是他們過的那種生活。可是幸福的手段對於不知運用它們的人是不存在的，祇有能夠享受它們的人才懂得真正的幸福是什麼。（《新愛洛漪絲》）

幸福需要慢慢找尋

不要在不清楚追求什麼的時候去行動，盡做錯事，不如不做一事。在追尋幸福的道路上，我們首先要明了我們心中的幸福是什麼模樣，否則我們祇會越走越遠。

當我們不知道我們應當做什麼事情的時候，最聰明的辦法就是什麼事情也不做。在一切格言中，這是對人最

有用處的格言，同時也是人們最最難於奉行的格言。如果你還不知道幸福在什麼地方就去追求幸福，那就會愈追愈遠，就會走多少道路便遇多少危險。但是，並不是所有的人都知道這種無所為然後才有所為的辦法的。當一個人懷著滿腔熱情，急於得到幸福的時候，他是寧可在尋求的過程中走錯道路，也不願意為了尋求幸福而待在那裡一點事情也不做；然而，祇要我們一離開我們有可能發現它的地方，我們就再也不能夠回到那個地方去了。（《愛彌兒》）

Jean-Jacques
Rousseau

第二章

生活與處世

敢於披露自己的心靈

一個人要學會和自己的心靈對話，無論好的想法、壞的想法，都是真實自我的表現。

也許，我們內心做著強盜的噩夢，也許我們內心純淨如水，但我們都是我們自己的審判者，讓我們走到心靈的寶座面前——

然後，讓他們每一個人在您的寶座前面，同樣真誠地披露自己的心靈。（《懺悔錄》）

不要加害善良的人

不要加害善良的人，因為——

報復一個從來不曾或不願傷害別人的人，不能稱之為報復。

同樣，也要寬容你的敵人，即使你有能力和權力去實施報復，也要嘗試著去放棄。

當你可以凶狠地進行報復時，你卻表現得寬宏大量，這是你表現高貴的時刻。（《懺悔錄》）

不要放縱自己

兒童第一步走向邪惡，往往是從一些小事開始，第一次偷竊，第二次偷竊，然後就是無數次的偷竊。

我第一次偷東西本是出於一番給人幫忙的好意，不過，它為另幾次偷竊揭開了序幕。（《懺悔錄》）

千里之堤，毀於蟻穴，正是對小事的放縱，使我們深陷泥潭。

這樣就使我對於以下各點無須再深入思考：時間的經過如何彌補了各種事件所欠缺的真實性；一些輕微的原因，當它們持續不斷發生作用時會成為驚人的力量。（《論人類不平等的起源和基礎》）

為人處世需謙和

不要因為年輕氣盛而指責別人，要知道沉默能帶來更大的善意。

我不好意思把主人逼得閉口無言。我讓步了，至少我沒有正面反駁。就我說話行事這樣有分寸來看，有人會認為我虛偽，誰要果真這樣，那可就錯了。我不過待人忠厚而已，這是確實的。奉承，或者更確切地說，還就別人的意見，不見得總是惡習，尤其對於年輕人，它往往是種美

德。人家盛情款待我們，自然要對人家表示點情誼！對他退讓並不是為了欺騙他，祇是為了不使他掃興，不以怨報德而已。（《懺悔錄》）

克服小誘惑需要勇氣

所謂勇氣更多的時候面對的不是怯懦，而是生活中的小事。

面對匪徒，我們可能會厲聲呵斥，但是對於我們自身的小缺點，卻放任自流。

大多數人都是在運用力量已經太晚的時候，才埋怨缺乏力量……勇氣祇有我們犯錯誤的時候才是可貴的，假使我們始終謹慎從事，我們就很少需要勇氣了。但是，種種容易克服的傾向對我們具有無可抗拒的吸引力，祇是我們輕視誘惑的危險，才會向輕微的誘惑屈服。可是等到陷入這種險境之後，沒有驚人的英勇毅力便不能從那裡掙脫出來。我們終於落入深淵了，這時便向上帝哀禱：「為什麼你把我造得這麼軟弱？」上帝卻不管我們怎樣辯解，祇是對我們的良心回答說：「我是把你造得太軟弱了，以致你自己爬不出深淵，因為我原先把你造得夠堅強的，你本來就不會掉進深淵。」（《懺悔錄》）

要從絕望中看到希望

魯迅說，絕望之為虛妄，正與希望相同！

我的一切崇高的希望，就這樣在一剎那間幻滅了……不難想象我的夢變得多麼突然：原來懷著燦爛輝煌的計劃，忽然墜入最悲慘的境地，早晨想選擇我將要居住的宮殿，晚上竟露宿街頭。

但，我既不責備自己，也不埋怨自己，因為，我從中看到新生。我首先感到的，乃是重獲自由的一種喜悅之情……我重新成為自己的主人。（《懺悔錄》）

正確看待得失

失之東隅，收之桑榆，得到與失去是一對孿生兄妹。

凡事有所失必有所得。（《漫步遐想錄》）

因此，要從失望中看到希望，要從希望中看到潛在的失望。

做有益的交談

語言是人類存在的方式，我們存在於語言之中，詩意的語言悅耳動聽，論辯的語言鏗鏘有力，親昵的語言溫馨

感人，我們通過談話認識別人，我們也通過談話獲得有益的教誨。

一切愚蠢庸俗的談話是我所一向不能忍受的；但聽取有益的與有豐富內容的談話，則始終是我最大的愉快，我對這樣的談話從不拒絕。（《懺悔錄》）

交流需要坦誠

一方面隱瞞自己的心事，一方面要瞭解別人的心事，這是最不明智的。你祇有先打開自己的心窗，別人才會敞開他的心扉。

以後我理會到，那種通過詢問去瞭解別人的冷淡態度，是自以為有學識的女人的通病。她們想絲毫不暴露自己的心事，而達到洞悉別人心事的目的；但是她們不瞭解，這樣做會打消別人向她們暴露心事的勇氣。一個男人祇要受到這種詢問，馬上會提防起來；如果他認為這並不是對他真正的關心，而祇是要套他的話，那麼他的反應不是說謊就是一言不發，或者更加戒備；他寧肯讓別人把他當做傻瓜，也不願意受那好奇者的哄騙。一方面隱瞞自己的心事，一方面要瞭解別人的心事，這終究是個壞方法。（《懺悔錄》）

使用對方的語言

陽春白雪，和者必寡。不同的人，有不同的行為方式，在與人交往的過程中，要采取適合對方的行為方式。

智者們若想用自己的語言而不用俗人的語言來向俗人說法，那就不會為他們所理解。（《社會契約論》）

按照人本來的樣子看人

她不是按照我本來是什麼樣的人看待我，而祇是按照她讓我變成的那個樣子來看待我。

於是，維爾塞里斯夫人，我的雇主，得到的祇是一個僕人，而不是一個良師益友。因為她看我祇不過是一個僕人，結果就使我在她面前不能不以僕人的身份出現了。（《懺悔錄》）

不要耽於幻想

年青的時候，太愛幻想，常常為了一次愉快的旅行，一個不經意的想法，而放棄未來的幸福。

為了瞭解我這時糊塗到什麼程度，必須知道我的心一向是怎樣為了最細微事物而狂熱起來，以及怎樣拼命想

象吸引我的事物，儘管那些事物有時是十分虛妄的。最離奇、最幼稚、最愚蠢的計劃都會引誘我那最得意的空想，使我認為這種計劃好像真有實現的可能似的。（《懺悔錄》）

領取而今現在

青春的歲月總是短暫，當我們回憶那些激動人心的歲月時，我們是否會發出這樣的感嘆呢：

青年時代縱情歡笑的甜蜜時刻呀，你，離去已經多久了！（《懺悔錄》）

所以，要珍惜現在。

無論你是年老，還是年青；無論你是白髮，還是總角；現在，就是你的青春。

對過去沒有多大的懊悔，對未來也毫不擔心，經常占據著我心靈的思想就是享受現在。（《懺悔錄》）

人生，需要領取而今現在。

理性抉擇

「也許多年後在某個地方，

我將輕聲嘆息將往事回顧；

黃色的樹林裡分出兩條路——

而我選擇了人跡最少的一條，

從此決定了我一生的道路。」（[美]弗羅斯特《未選擇的路》）

「人生的道路雖然漫長，但緊要處常常祇有幾步，特別是當人年輕的時候。沒有一個人的生活道路是筆直的，沒有岔道的。有些岔道口，譬如事業上的岔道口，個人生活上的岔道口，你走錯一步，可以影響人生的一個時期，也可以影響一生。」（路遙《人生》）

當問題涉及人的命運、人的整個生活時，理智不容許作輕率的決定。（《新愛洛漪絲》）

人生處處歧路，面對家庭、事業，該如何抉擇？

我對自己的抉擇十分滿意，從來沒有後悔過，就是現在我已經擺脫了曾經支配我一切行動的那些輕率的動機，當我以理性的天平來衡量我一生的行為時，我對此也從不後悔。（《懺悔錄》）

不要浪費光陰

「子在川上曰：逝者如斯夫，不捨晝夜。」（《論

語・子罕》）

　　這如水般的流年，不可虛度，不可輕拋。

　　無論我是活在世上還是行將死去，我都一點不能再浪費光陰了。二十五歲的人了，還是一無所知，要想學到一切，就必須下決心很好地利用時間。（《懺悔錄》）

學習要趁早

　　張愛玲說，出名要趁早，同樣，學習也要趁早，一切事都要趁早。

　　「我年事日長而學習不輟。」（普魯塔克《梭倫傳》）

　　人們還沒從這開始得太晚的功課中學到全部知識，而運用的機會卻已經錯過了。青年是學習智慧的時期，老年是付諸實踐的時期。經驗總是有教育意義的，這我承認，然而它祇在我們還有餘日的時候才有用。在我們快死時才去學當初該怎樣生活，那還來得及嗎？（《漫步遐想錄》）

　　我們在呱呱落地的時候就進入一個競技場，直到身死時才離開。當賽程已經到終點時，學習如何把車駕得更好又有什麼用呢？（《漫步遐想錄》）

要有謀生的才能

人要趁年輕多學些謀生的才能，所謂藝不壓身，多一種才能，便多一份溫飽。

我想，培養出一些才能是防止貧困的最可靠的辦法，為此我已經下決心去把餘暇用在準備工作上。（《漫步遐想錄》）

如何判斷別人

「不知其子，視其父，不知其人，視其友，不知其君，視其所使，不知其地，視其草木。」（《孔子家語‧六本》）

一個人所愛的對象是怎樣的性格，最足以說明這個人的真正天性了。（《懺悔錄》）

近朱者赤，近墨者黑，物以類聚，人以群分。通過一個人的朋友、興趣，可以瞭解一個人。

如何認識一個人

我們常常被表面的現象所欺騙，被外在的偽裝所迷惑，我們看不清誰是值得交往的朋友，誰是應該避之而唯

恐不及的小人。我們要學會判斷人的方法，不被表面的言行所欺騙。

我沒有停留在一些可能使人受到欺騙的無意義的演說上，也沒有停留在一些更不可靠的瞬間的舉止上。……我決定通過他的秉性、他的品行、他的口味、他的愛好、他的習慣來研究他，我決定密切注視他生活中的細節、他情緒的變化、他情感的曲線，聽其言的同時觀其行，如果可能的話，深入到他的內心。一言以蔽之，不是通過意義含混、瞬時的舉動來觀察他，而更多的是通過他一貫的存在方式來觀察他。要準確判斷一個人的真實性格以及他可能隱藏在內心深處的癖好，這是唯一可靠的規則。（《對話錄》）

面貌可以顯示性情

察言觀色，通過一個人的面容，可以看出一個人的性情。粗暴的人，面目往往狰獰。

而在我看來，我認為，除了這種發展以外，一個人的面部特徵是通過心靈的某些感情的慣常影響而不知不覺地形成的。在面貌上流露的這些情感是最真確不過的，它們流露慣了，就會在臉上留下持久的痕跡。因此，我才說相

貌可以顯示一個人的性格，我們用不著去聽人家拿我們不懂得的學問做一番神秘的解釋，也往往能互相看出彼此的性情。（《愛彌兒》）

從不同的角度看問題

兼聽則明，偏信則暗，同一個事物，從不同的角度，會看到不同的風景。從多種角度看問題，才能克服無知和偏見。

無知和偏袒把整個事情化了一次裝。即使不歪曲歷史事實，但如果把跟那個事實有關的環境加以誇大或縮小，結果就會使它的面貌多麼不同啊！把同一個東西放在不同的觀點看，就不大像原來的樣子，其實除了觀看者的眼睛以外，什麼都沒有改變。（《愛彌兒》）

不要任意褒貶

再博學的人，也總有不熟悉的領域，而一個普通的人，也會有自己精熟的行業，所謂「術業有專攻」就是這個道理。

因此不要對你不懂的事物亂加褒貶。

這件事情使我有機會體會到，為了正確審查一個專門問題，儘管你對各門知識都很廣博，如果你在廣博之外不加上對這一問題的專門研究，則遠不如一個知識淺陋而對這一門卻研究得既專又深的人。（《懺悔錄》）

要教育他人，自己首先得有足夠的知識。（《漫步遐想錄》）

不要為了面包而工作

偉大的筆，來自於心靈；偉大的文字，是靈魂的書寫。不要為面包而工作，而要把工作當成施展自己才華的舞臺。

但是，我感到，為面包而寫作，不久就會窒息我的天才，毀滅我的才華。我的才華不在我的筆上，而在我的心裡，完全是由一種超逸而豪邁的運思方式產生出來的……任何剛勁的東西，任何偉大的東西，都不會從一支唯利是圖的筆下產生出來。需求和貪欲也許會使我寫得快點，卻不能使我寫得好些。企求成功的欲望縱然沒有把我送進縱橫捭闔的小集團，也會使我少說些真實有用的話，多說些嘩眾取寵之詞，因而我就不能成為原來有可能成為的卓越作家，而祇能是一個東塗西抹的文字匠了。不能，絕對不

能。我始終感覺到，作家的地位祇有在它不是一個行業的時候才能保持，才能是光彩和可敬的。當一個人祇為維持生計而運思的時候，他的思想就難以高尚。為了能够和敢於説出偉大的真理，就絶不能屈從於對成功的追求。（《懺悔錄》）

遠離仇恨者

不要以為你和婉客氣，天下就無不解之冤。不要委曲求全，因為善良而向心胸狹窄的惡人低頭。

其實，正相反，惡人的仇恨心，越是找不出仇恨的理由就越發強烈，越覺得他們自己不對就越發對對方懷恨。（《懺悔錄》）

更不要被惡人的偽善所欺騙。

根據外表來判斷是多麼容易上當，而俗人又是多麼重視這種根據外表的判斷啊！我也感到，有罪者放肆大膽、趾高氣揚，而無辜者反而羞愧滿面、局促不安，這又是多麼常見的事啊！（《懺悔錄》）

切勿懶散和疏忽

防微杜漸，小事做不好，大事不了了。

不過，懶散、疏忽以及在小事情上的那種拖拉勁兒，往往比大的惡習對我還更加有害。我的最嚴重的錯誤一直都是由玩忽造成的：我很少做過我不應該做的事，同時，不幸得很，我更少做過我應該做的事。（《懺悔錄》）

不要以己之心，度人之腹

以己之心度人之腹，是多麼常見的事情啊！我們不是錯怪他人，就是錯怪自己。祇有先瞭解他人，才能學會評價自己。

人以自己作為衡量一切的尺度。也正因為如此，我們總因過分看重自己而產生兩種錯覺：或是把我們在處於他們的地位時我們會怎麼行動的動機強加給他們，或是在這同一種假設下，不知己處於和自己處境很不相同的另一處境中，對自己的動機作了錯誤的解釋。（《懺悔錄》）

不要損害別人

有時候，對別人最大的傷害不是漫天的謾罵，而是無

聲的詆毀；不是當面的反駁，而是背後的中傷。

我們並不誇耀自己的優點，然而卻抹殺別人的長處。我們絕不粗暴地激怒自己的敵人，但我們卻禮貌周全地誹謗他們。（《論科學與藝術》）

忍受挫折

不經風雨無以見彩虹。如果連生活中的小挫折都禁受不起，又何談那些大的起伏和坎坷呢？

的確，連一點點物質缺乏也經受不起、連最微小的痛苦也可以把他們拖垮的那些人，我們設想他們會以怎樣的眼光來對待饑渴、疲倦、危險和死亡呢？（《論科學與藝術》）

不要盲從輿論

要有自己對世界的判斷，自己的價值觀、人生觀，須提防那些惡毒言論背後的動機，看清楚真相。

特別要小心的是：永遠不要聽信那些別有用心的曲解和惡毒的言論，因為這些曲解和言論的隱秘動機，往往比在這種動機支配下的行動更為險惡，這就是我最後的忠

告。（《論人類不平等的起源和基礎》）

要有遠見

人無遠慮，必有近憂，做任何事，都要計劃周詳，不可顧此失彼。

他們早上賣掉棉襖，晚上為了再去買回而痛哭，全不能預見當天晚上還要用它。（《論人類不平等的起源和基礎》）

不要思慮太多

人需要的是遠見，而不是太多的思慮。把明天的困難移植到今天來，卻把解決問題的方法遺留在明天，這無異於自尋煩惱。

遠慮和想象使我們感到困難重重，也正是當我們老去處在遠慮和想象時，我們才感到不安，感到不幸。對我來說，儘管我知道明天還要受苦，但祇要我今天不受苦，我也就能心平氣和了。我並不為來日將受的痛苦而擔憂，我祇為我現在受到的痛苦而不安，這就使痛苦大為減輕了。（《漫步遐想錄》）

不要任人支配

面包可以收買你的身體,卻不能收買你的靈魂,不要做被別人驅使的奴隸,要做自我航船的舵手。

在人與人的關係上,一個人所能遭到的最大不幸,就是看到自己受另一個人的任意支配。(《論人類不平等的起源和基礎》)

不要為過去的事情而折磨自己

為打翻的牛奶哭泣,是無濟於事的。人,擁有的祇有今天,不要把昨天的煩惱帶到今天來。

用過去的事情來折磨自己,那就等於是無病呻吟,自尋煩惱。(《愛彌兒》)

不要說謊

即使是善意的謊言,有時也是有害的。我們儘量不說謊,如果非說謊不可,那就說些善意的無害的謊言吧!

為自己的好處而說謊是欺詐,為別人的好處而說謊是蒙騙,懷有害人之意而說謊是中傷,這是最壞的謊言。(《漫步遐想錄》)

把每個人應得的歸之於他

播撒什麼樣的種子，收穫什麼樣的莊稼，每個人都是自己的播種者，也應該收穫自己的播種。不要搶奪，因為那不是你的；不要強行給予，因為那未必是對方需要的。

把利益給予不應得的人，就是破壞了公正的秩序；把一件可能受到讚揚或指責、確定一個人有罪或無罪的行為錯誤地歸之於自己或別人，那就是做了件不公正的事。（《漫步遐想錄》）

他衷心崇敬的神聖的真理根本不是一些毫無所謂的事實和毫無用處的名稱，而在於要把應屬於每個人的東西歸之於每個人：包括真正屬於他的事物、功績或罪過、榮譽或指責、讚揚或非難。（《漫步遐想錄》）

不為取悅別人而貶低自己

祇有你尊重自己，別人才會尊重你。不要獻媚，不要取悅別人，要知道，一個不尊重自己的人，在別人的眼中不過是個跳梁小醜罷了。

我不該由於言辭枯窘而被迫編些無害的虛構，因為絕不該為了取悅於人而貶低自己。（《漫步遐想錄》）

祇有自己挺直脊樑，才會站得筆直。

不要濫用善心

蛇被農夫溫暖醒來後的第一件事情就是狠狠地咬上農夫一口，所以不要濫施愛心。給乞丐以食物，可能緩解他的饑餓；給土匪以食物，祇不過是增加他搶劫的力量。

人性中的一切傾向，包括行善的傾向在內，一旦有欠謹慎，不加選擇地在社會上應用開了，就會改變性質，開始時有用的也時常會變成有害的。（《漫步遐想錄》）

要尊重老人

盧梭經常到殘疾軍人療養院附近去散步，因為在那裡他總能看到一些可愛的老軍人。

當我看到那些老人時，總是滿懷深情和敬意，他們可以像斯巴達的老人那樣說道：

當年我們也曾經年輕、勇敢、有膽量。（《漫步遐想錄》）

老吾老以及人之老，年青的必將衰老，尊重老人，就是尊重我們自己。

言行一致

語言上的鉅人，行動上的矮子，是最容易讓人輕視的。說到做到，別人才會信任你。

要有所成就，要成為獨立自恃、始終如一的人，就必須言行一致，就必須堅持他應該采取的主張，毅然決然地堅持這個主張，並且一貫地實行這個主張。（《愛彌兒》）

如果一個人自身不能一致，他的行為是一套，感情卻是另外一套；思想好像沒有軀體，行為好像沒有靈魂，還有他整個一生所作所為完全不同整個自己相適應，那麼這樣的人還值得稱為人嗎？（《新愛洛漪絲》）

不要碌碌無為

最危險的時候，不是在大風大浪中，而是在平靜的港灣中。舒適的環境，最容易讓人無所事事，碌碌無為。

要做的工作很多，這是毫無疑問的；萬萬不要無所事事，一事無成。當我們祇遇到逆風行舟的時候，我們調整航向迂迴行駛就可以了；但是，當海面上波濤汹涌，而我們又想停在原地的時候，那就要拋錨。當心啊，年輕的舵手，別讓你的纜繩鬆了，別讓你的船錨動搖，不要在你還

沒發覺以前，船就漂走了。（《愛彌兒》）

不要貪求回報

做好事，不求回報，這才是真正的善意。如果做好事祇為得到更多的回報，那麼善意就等於買賣的籌碼了。

如果大家都少做施小恩而望厚報的事，則忘恩負義的人也就會少一些的。我們愛那些對我們做了好事的人，這是一個極其自然的情感！忘恩負義的行為不符合於人的良心，不過，有趣的是：忘恩負義的人沒有施恩望報的人多。如果你把你的東西賣給我，我就要同你講價錢；但是，如果你先假裝把東西送給我，然後才照你開的價錢賣給我的話，你就是存心欺詐了：無償的東西變成了無價的東西。

商品總是有價的；真正的善意和恩惠卻是無價的，它將被銘刻於心中。

真正的恩惠是絕不會被人遺忘的。（《愛彌兒》）

不要忽視禮貌

朋友之間，常常缺乏禮貌的問候，殊不知，禮貌不

到，即使心到，也常常產生誤解和嫌隙。

一個人把自己的錢包送給別人，給別人輸血，但若是一次見面時禮節不夠周到，則永遠不會得到原諒。（《對話錄》）

我們也會犯相同的錯

別人走路會跌倒，我們也一樣；別人會犯錯，我們又何嘗不是呢？如果我們能寬容我們自己，那麼我們為什麼不能寬容別人呢？

我們彼此共有的欲念使我們走入了迷途，同我們的興趣相衝突的欲念使我們發生反感；由於這些欲念在我們身上產生了矛盾，因此我們就責備別人做了某種事情，其實這種事情我們也是想照樣去做的。當我們不得不容忍別人犯了我們處在他的地位也可能犯的罪惡時，我們不可避免地是一方面產生反感，另一方面又會產生妄念。（《愛彌兒》）

成為自己的主人

我們要想站在高處，須從低處出發；我們要想成為

自己的主人，先從做自己的僕人開始。我們做飯，以便溫飽；我們紡織，以便取暖；我們學會一切技能，以便主宰自己。我們是我們自身最大的保障，我們也是我們自身最終的主人。

我們自己做自己的僕人，以便成為自己的主人。（《愛彌兒》）

學會分享樂趣

《孟子》曰：「與少樂樂，與眾樂樂，孰樂？」曰：「不若與眾。」水滴融入大海才不會枯竭，快樂通過分享才會增添。

再說一下，排除他人而獨享樂趣，反而會使樂趣化為烏有。祇有同人家分享的快樂，才是真正的快樂；要想獨自一個人樂，是樂不起來的。（《愛彌兒》）

付出才能得到

要想得到友誼，必須自己先伸出雙手；要想獲得別人的愛，自己就必須先去喜愛別人，必先予之，然後取之。

人們可以抵抗一切，但抵擋不了善良的意願；爭取

別人的感情的最可靠的方法祇有把自己的感情給予別人。（《新愛洛漪絲》）

你要愛別人，才能得到別人的愛；你要幸福快樂地生活，就必須使自己成為一個為人家所喜歡的人；你要人家聽從你的話，就必須使自己值得人家的尊敬；你要愛惜自己的體面，才能得到人家的稱譽。（《愛彌兒》）

生活在當下

沒有人能生活在過去，抑或明天，我們祇能生活在今天。把握住現在的每時每刻，時間就會公正地對待你。

人們說生命是很短促的，我認為是他們自己使生命那樣短促的。由於他們不善於利用生命，所以他們反過來抱怨說時間過得太快；可是我認為，就他們那種生活來說，時間倒是過得太慢了。由於他們時時刻刻都在向往一個目標，所以他們常常是那樣傷心地看到他們和目標之間隔著一段距離，這個人希望明天怎樣生活，那個人希望下個月怎樣生活，另一個人又希望十年以後怎樣生活，其中就沒有哪一個人在那裡考慮今天怎樣生活，沒有哪一個人滿足於當前這一小時的情景，所以大家都覺得這一小時實在是過得太慢了。（《愛彌兒》）

控制欲念

　　每個人都有欲念，這並不可怕。溫順的人內心都有一頭凶猛的獅子，祇不過用道德和理智的鎖鏈捆綁住罷了。不要深責自己的邪惡欲念，而要控制欲念轉化為現實。

　　把欲念分成可以產生的欲念和禁止產生的欲念，以便自己能夠追逐前一種欲念而克制後一種欲念，這是不對的。任何一種欲念，祇要你能夠控制它，它就是好的；如果你讓它使役你，它就會成為壞的欲念了。大自然不許可我們使我們的愛好超過我們的力量可能達到的範圍，理性不許可我們希望得到我們不可能得到的東西，良心並不是不許可我們受到引誘，而是不許可我們屈服於引誘。產生或不產生欲念，這不取決於我們，但是，能不能夠控制欲念，那就要由我們自己來決定了。所有一切我們能夠加以控制的情感都是合法的，而所有一切反過來控制我們的欲念就是犯罪的。（《愛彌兒》）

不要為能力之外的事而苦惱

　　沒有人是萬能的，即使上帝也不能創造出一塊連自己都無法舉起的石頭。我們要在能力之內成為我們自己，不要為得不到天上的星星而哭泣，要知道，那祇是孩童般的

幼稚。

　　祇有在我們缺少我們有權利占有的東西的時候，我們才值得花力氣去獲取那些東西。如果事情已經很明顯地表明我們不可能得到我們所向往的東西時，我們就應該轉移我們的念頭；當我們的願望沒有實現的希望時，我們就不能因之而感到苦惱。一個乞丐儘管有當國王的願望，但他決不會因為這個願望而感到苦惱的；一個國王正因為他認為自己不僅僅是一個人，所以他才想成為神。（《愛彌兒》）

眷戀故土

　　「胡馬依北風，越鳥巢南枝」（《古詩十九首》）。一個人無論身在何處，都應該在內心深處營造一座故鄉的城。因為，故鄉有我們的父母兄弟，有我們的鄉鄰舊友，有我們兒時的玩伴，有那夜晚的蟋蟀聲。

　　所以，不能說「我在什麼地方住跟我有什麼關係呢？」這關係到你是不是能够盡你所有的義務，其中之一就是熱愛你的出生地的義務。當你是一個孩子的時候，你的同胞保護過你，而你長大成人以後，你也應該熱愛他們。應該生活在他們當中，或者，你至少也應該生活在盡

可能對他們有幫助的地方，以便在他們需要你的時候可以找到你。（《愛彌兒》）

不要坐失良機

好的機會稍縱即逝，所以，要審時度勢，把握良機。

由於過分審慎，人們對於時機就會重視不夠，就會坐失良機；並且由於反復考慮，人們往往會失掉考慮的結果。（《社會契約論》）

醉酒出真言

醉酒的人，常常說出內心的秘密。因此，可以通過一個人的醉酒時的狀態，判斷一個人的清醒時的品性。

一個喝醉酒的人的行為，往往祇不過是他平時在內心深處隱秘思想的暴露而已。（《新愛洛漪絲》）

是金子總會發光

人們給予事物的價值和它本身實際具有的價值之間有著鉅大的差別。（《新愛洛漪絲》）

所以，當你不被重視、不被瞭解時，千萬不要憤怒。

美玉藏在石頭中，卻依然發出光澤；金子埋在沙子中，也同樣會閃光。如果你是千里馬，總會縱橫馳騁。

真正的價值並不需要別人的證明，它自身表現出光輝來。（《新愛洛漪絲》）

與其抱怨沒有伯樂，不如韜光養晦，這樣才有放光的一天。

正直地生活才能獲取榮譽

不管別人如何誇讚，錯事永遠是錯事，黑，永遠無法變成白。祇有做真正對的事，才不會有所遺憾，也才不會害怕別人的詆毀與謾罵。

真正尊重自己的人是不太感覺到別人不公正的蔑視的，他祇怕公正的蔑視，因為善與正直並不以人們的判斷為依據，而以事實的性質為依據；因為即使所有的人讚許您將做的事，您未必見得因此減輕慚愧。（《新愛洛漪絲》）

而榮譽，也祇能靠做正直的事才能得到。盾和劍祇能為自己建立世俗的紀念碑，卻不能建立靈魂的紀念碑。

像您這樣的人的榮譽絕不是靠別人的；它是在它本身

而不在旁人的意見；它不靠劍和盾而靠正直的和無可指摘的生活來保護的；而這決鬥比別的決鬥需要更大得多的勇氣。（《新愛洛漪絲》）

不要嘗試著改變別人

不要把自己的觀點強加給別人，也不要去強制改變別人的性情，正所謂江山易改稟性難移。

為了改變一種思想，就應當改變內部的組織；為了改變一種性格，就應當改變它所依賴的氣質。您可曾聽到過一個暴躁的人會變成冷靜的人，一個有條理和冷淡的人會獲得想象力嗎？在我看來，使一個金色頭髮的人變為棕色頭髮的人，如同使一個傻子變為有思想的人一樣不容易。因此人們徒然認為不同的思想在一個共同的模型裡可以重新熔鑄。人們可以強制它們，而不能把它們改變；可以阻止人表現為他們本來的樣子，但不能使他們變為另一種人。（《新愛洛漪絲》）

珍惜自己擁有的

得到了，卻發覺不是自己想要的；追求了，卻一直

得不到，這兩件事是人生最大的痛苦。與其為得不到的東西而抱怨，為什麼不好好珍惜自己擁有的呢？也許，你沒有高樓洋房，但你有遮風擋雨的家；也許，你沒有名車寶馬，但你有可以走路的雙腿。

人們對到手的東西的享受比對希望到手的東西的享受少，因而人們的感到幸福是在成為幸福的人以前。（《新愛洛漪絲》）

生命的本質就是好好地生活

生老病死，不可避免。不管是生，還是死，生命的本質都是好好生活。即使我們離開塵世，我們的愛，也將在親人中延續。

病人的祈求是忍耐；對死的準備工作是好好生活：我不知道其他的準備。（《新愛洛漪絲》）

我找到伸展我的生命的方法。我存在，我愛，我被人家愛，我活到我最後一口氣。（《新愛洛漪絲》）

祇有這樣，我們才對得起生命，才能進入永恒。

永恒的存在既看不見也聽不見，它祇是感到；它既不向眼睛也不向耳朵說話，而是向心靈說話。（《新愛洛漪絲》）

人不能一下子達到兩個相反的目標

既夢想生活安樂，又不思進取；既想取得好的業績，卻又拖杳懶惰——

這樣的人，不會成功，因為——

他不能一下子達到兩個相反的目標。（《愛彌兒》）

感受生活

生命的質量和年齡無關。一個人，對山、對水，沒有一絲感受，反而不如一個孩子溪頭戲水給人的感覺親切。對於生命，重要的不是活過，而是感受過。

生活得最有意義的人，並不就是年歲活得最大的人，而是對生活最有感受的人。（《愛彌兒》）

痛苦源於缺乏

一切痛苦的感覺都是同擺脫痛苦的願望分不開的，一切快樂的觀念都是同享受快樂的願望分不開的；因此，一切願望都意味著缺乏快樂，而一感到缺乏快樂，就會感到痛苦，所以，我們的痛苦正是產生於我們的願望和能力的不相稱。一個有感覺的人在他的能力擴大了他的願望的時

候，就將成為一個絕對痛苦的人了。因此，問題在於減少那些超過我們能力的欲望，在於使能力和意志兩者之間得到充分的平衡。（《愛彌兒》）

因此，幸福的狀態是心滿意足，別無所求。

祇有在他似乎是一無所有的時候，他的痛苦才最為輕微，因為，痛苦的成因不在於缺乏什麼東西，而在於對那些東西感到需要。（《愛彌兒》）

需要超過體力的人是弱者

我們說人是柔弱的，這是什麼意思呢？「柔弱」這個詞指的是一種關係，指我們用它來表達的生存的關係。凡是其體力超過需要的，即使是一隻昆蟲，也是很強的；凡是其需要超過體力的，即使是一隻象、是一隻獅子，或者是一個戰勝者、是一個英雄、是一個神，也是很弱的。不瞭解自己的天性而任意蠻幹的天使，比按照自己的天性和平安詳地生活的快樂的凡人還弱。（《愛彌兒》）

所以，要想變得堅強，就必須克制自己的欲望。

人為什麼會顯得柔弱呢？那是由於他的體力和他的欲望不平衡。是我們的欲念使我們變得這樣柔弱的，因為要滿足我們的欲念，所花費的體力，比大自然賦予我們的體

力還多得多。所以説，減少我們的欲念，就等於增加我們的體力：體力多於欲念的人，體力有剩餘，因此他當然是長得很強健的。（《愛彌兒》）

不要對抗自然法則

自然注定了人類不能逾越的範圍，不要以為自己無所不能，其實，我們祇可以在自然為我們劃定的區域內施展才能。

人啊！把你的生活限制於你的能力，你就不會再痛苦了。緊緊地占據著大自然在萬物的秩序中給你安排的位置，沒有任何力量能夠使你脱離那個位置；不要反抗那嚴格的必然的法則，不要為了反抗這個法則而耗盡了你的體力，因為上天所賦予你的體力，不是用來擴充或延長你的存在，而祇是用來按照它喜歡的樣子和它所許可的範圍而生活。（《愛彌兒》）

珍惜生命

我們在世上的時間過得多麼快啊！生命的第一個四分之一，在我們還不懂得怎樣用它以前，它就過去了；而最

後的四分之一，又是在我們已經不能享受生命的時候才到來的。起初，我們是不知道怎樣生活，而不久以後我們又失去了享受生活的能力；在這虛度過去的兩端之間，我們剩下來的時間又有四分之三是由於睡眠、工作、悲傷、抑鬱和各種各樣的痛苦而消耗了的。

人生是很短促的，我們之所以這樣說，不是由於它經歷的時間少，而是由於在這很少的時間當中，我們幾乎沒有工夫去領略它。死亡的時刻固然同出生的時刻相距得很遠，如果當中的時間不是很好地度過的話，也可以說人生是極其短促的。（《愛彌兒》）

第三章

哲理與情感

回憶過去是美好的

童年的趣事，童年的一草一木一瓦一屋，都使我們無比留戀。

當我盛年即逝，行將進入老年的時候，別的回憶逐漸消失，而這些回憶卻重新浮起，深刻地刻在我的腦際，而且越來越美妙和有力。

女僕或男僕在屋子裡忙著；一隻燕子從窗戶飛進屋來；我背誦的時候有一隻蒼蠅落在我的手上；種種情景歷歷在目。（《懺悔錄》）

我們可以憑借著回憶，重拾過去的歲月。

仿佛感到生命即逝而設法把它抓回來，再從頭開始。

那個時期的一點小事都使我喜悅，其所以如此，祇是因為它是那個時候的事情。（《懺悔錄》）

回憶，我們每個人的心靈寶藏。

良知是永恒的

盧梭曾經偷了一條絲巾卻污蔑是僕人瑪麗永偷的，他和瑪麗永小姐都被解雇了。而她是個善良、聰明、誠實的姑娘。

當時由於紛亂，沒有時間進行深入瞭解，克羅伯爵就

把我們兩個都辭退了，辭退時祇說：罪人的良心一定會替無罪者復仇的。他的預言沒有落空，它沒有一天不在我身上應驗。（《懺悔錄》）

它使我深深體會到我在自己某一著作中所說過的話：處於順境的時候，良心的譴責就睡著了，處於逆境的時候，良心的譴責就加劇了……這種沉重的負擔一直壓在我的良心上，迄今絲毫沒有減輕。（《懺悔錄》）

論純粹的快樂

純粹的快樂，不會因為一時的歡愉而使你遺恨。需要事後付出代價的快樂，無異於飲鴆止渴。

我對於事後一定會感到痛苦的快樂是不追求的，這種快樂引誘不了我，因為我祇喜愛那些純粹的快樂，如果知道後來準要追悔的話，那就不能算作是純粹的快樂。（《懺悔錄》）

用愛心看世界

你如何看待這個世界，這個世界也如何看你。你對著水面微笑，水面便會綻放朵朵蓮花；你惡狠狠地對著山谷

咆哮，山谷也會對你憤怒地大喊。

善良的人認為上帝是善良的，凶惡的人認為上帝是凶惡的；心中充滿仇恨的人，祇看到有地獄，因為他們願意叫所有的人都下地獄，而心地溫和和善良的人就不相信有地獄。（《懺悔錄》）

心中充滿愛，世界開滿花。

從根源處杜絕誘惑

小時偷針，大時偷金，對誘惑放任自流，往往會走到不可收拾的地步。當第一粒米從糧倉內漏出來的時候，如果你不堵住漏洞，糧倉最終會變得空無一物。

無可置辯，對於一個正派人來說，抵抗一些已經形成的欲念是比較痛苦的，如果他能上溯到這些欲念的根源而就其始生時加以預防、改變或糾正，就不會那麼痛苦了。一個受到誘惑的人，第一次抵抗住了，因為他是堅強的，另一次就屈服了，因為他軟弱了；如果他還是和前次那樣堅強的話，他就不會屈服的。（《懺悔錄》）

看清邪惡的偽裝

華麗的外衣下，包裹的未必是最美的心靈；冠冕堂皇的幌子下，隱藏著邪惡的目的。

邪惡進攻正直的心靈，從來不是那麼大張旗鼓的，它總是想法子來偷襲，總是戴著某種詭辯的面具，還時常披著某種道德的外衣。（《懺悔錄》）

不愛其人愛其才

聖朗拜爾譴責盧梭的信猶如盧梭譴責伏爾泰的信一樣，充滿坦誠和率直：我不愛你本人，但我愛寄寓在你本人身上的才華。

聖朗拜爾這樣寫道：

我呢，先生，我向你許願，我將忘掉你這個人，祇記住你的那些才華。（《懺悔錄》）

盧梭向伏爾泰復信說：

總之，我恨你，因為你要我恨你；但是我恨你卻還顯得我是更配愛你的人——如果你要我愛你的話。在過去充滿我的心靈的那一切對你的好感之中，所剩下的祇有對你那美妙的天才所不能拒絕的讚美和對你那些作品的愛好了。如果我在你身上祇能崇敬你的才能，其過錯並不在

我。我將永遠不失掉對你的才能所應有的敬意以及這種敬意所要求的禮數。別了，先生。（《懺悔錄》）

看到對手的才華，賞識他的才能，這是多麼寬闊的胸懷啊！

在苦難時回味幸福

忘記痛苦，咀嚼過去幸福的時光，是多麼幸福的一件事情啊。它是黑暗中的火把，寒冬裡的炭火，困難時心靈的慰藉。

對於木已成舟的事情，就用不著再預防了，而且再去想它也徒勞無益。我的苦難可以說在發生以前就已經叫我受盡了，在等待期間，我越是感到痛苦，忘記也就越發容易；而與此相反，我總是不斷地記住我過去的幸福，我回想它，咀嚼它，可以說是什麼時候願意就什麼時候能重新享受一次。（《懺悔錄》）

生活需要平常心

命運就一直是這樣，它一面把我捧得太高，一面又把我壓得太低，這會兒又繼續把我從一個極端推到另一個極

端；一方面無知小民給我塗滿了污泥，另一方面我還能使人當上邦議員。（《懺悔錄》）

人生有起伏波瀾，命運有高低坎坷。一方面，你是乞丐，另一方面，你是國王；有時，你被讚譽，有時，你被詆毀。你需要的僅僅是一顆平常的自我之心。

忘記別人對你的傷害

我可以把我的一生拿給他們去進行徹頭徹尾的批判，我確信，通過我的許多過失和軟弱，通過我不能忍受任何羈絆的本性，人們總會發現一個正直而又善良的人，他無怨無艾，不忌不妒，勇於承認自己對不起別人的地方，更易於忘記別人對不起自己的地方，他祇在纏綿溫厚的感情中尋找他的全部幸福，對任何事都真誠到不謹慎的程度，真誠到最令人難以置信的忘我程度。（《懺悔錄》）

才能不能兼得

上帝關上一扇門，就會打開一扇窗；上帝剝奪你的一種才能，就會給你另一種稟賦。

我生來就是為著獨自一人在閒暇中進行沉思默想，

而不是為著在大庭廣眾中說話、行動和處理事務。大自然給了我第一種才能，就拒絕給我另一種才能。（《懺悔錄》）

忠誠比博學更重要

一個人的成就不取決於他知識的多寡，而取決於他善行的多少。善意是人生的財富。

忠誠對於善人要比博學對於學者更可貴得多。（《論科學與藝術》）

自甘墮落才是最大的墮落

如果一個人沒有站立起來的願望，那麼再強大的支持，都不足以支撐起一個墮落的靈魂。

德謨狄尼斯（德謨狄尼斯，公元前384－322年，雅典政治家與演說家，他極力主張抵抗馬其頓，以維護雅典的獨立。——譯注）的全部雄辯竟再也鼓舞不起來一個已經被奢侈和藝術所耗竭的身軀了。（《論科學與藝術》）

獎勵德行

我們不再問一個人是不是正直，而祇問他有沒有才華；我們不再問一本書是不是有用，而祇問它是不是寫得好。我們對於聰明才智就濫加犒賞，而對於德行則絲毫不加尊敬。漂亮的文章就有千百種獎賞，美好的行為則一種獎賞都沒有。（《論科學與藝術》）

靈魂和時勢成就偉人

一顆具有偉大追求的心靈，總會碰到適合它成長的機遇，這樣才會誕生出偉大的功績。

靈魂總是不知不覺地與它所追求的目的成比例的；而造就出偉大的人物的，則是偉大的時勢。（《論科學與藝術》）

德行就在內心之中

不要到心外去尋找美德，美德來源於心，當心靈養成了美德的習慣時，我們所做的每一件事才會具有善意。

德行啊！你就是淳樸的靈魂的崇高科學，難道非要花那麼多的苦心與功夫才能認識你嗎？你的原則不就銘刻在

每個人的心裡嗎？要認識你的法則，不是祇消返求諸己，並在感情寧靜的時候諦聽自己良知的聲音就夠了嗎？這就是真正的哲學了，讓我們學會滿足於這種哲學吧！（《論科學與藝術》）

良知是最好的導師

人生來是善良的，在走向社會的過程中，心靈的鏡子會沾染上灰塵，但是，輕輕擦拭，心鏡依然嶄新鋥亮。我們的良知也許會被遮蔽，但它深藏於我們心底，永不會被埋沒。

不過儘管我在荒唐的青年時代誤入了歧途，使我在一個時期內忘記了那麼明智的教訓，但是我很幸運地終於體會到：不論一個人怎樣傾向於邪惡，一顆慈愛的心給予他的教育，是不會永遠對他不起作用的。（《論人類不平等的起源和基礎》）

偉大的同情心

同情憐憫之心是偉大的。兔死狐悲，物傷其類，不惟動物如此，人類又何嘗不是呢？當看到別人深陷苦難之

中，堅強的漢子也會流下滾燙的熱淚；看到嬰兒啼哭，柔弱的母親也會施捨乳汁。這是多麼偉大的情感！

　　我所說的憐憫心，對於像我們這樣軟弱並易於受到那麼多災難的生物來說確實是一種頗為適宜的稟性；也是人類最普遍、最有益的一種美德，尤其是因為憐憫心在人類能運用任何思考以前就存在著，又是那樣自然，即使禽獸有時也會顯露出一些跡象。姑且不談母獸對幼獸的溫柔，和它們為保護幼獸的生命而冒的危險，此外，我們每天都還可以看到，馬也不願意踐踏一個活的東西。一個動物從它同類的屍體近旁走過時，總是很不安的。有些動物甚至還會把它們已死的同類作某種方式的埋葬，而每一個牲畜走進屠宰場時發出的哀鳴，說明對於使它受到刺激的可怕的景象也有一種感觸……

　　因此我們可以肯定地說，憐憫心是一種自然的情感，由於它調節著每一個人源自愛心的活動，所以對於人類全體的相互保存起著協助作用。正是這種情感，使我們不假思索地去援救我們所見到的受苦的人。正是這種情感，在自然狀態中代替著法律、風俗和道德，而且這種情感還有一個優點，就是沒有一個人企圖抗拒它那溫柔的聲音。正是這種情感使得一切健壯的野蠻人，祇要有希望在別處找到生活資料，絕不去掠奪幼弱的小孩或衰弱的老人艱

難得來的東西。正是這種情感不以「你要人怎樣待你，你就怎樣待人」這句富有理性正義的崇高格言，而以另一句合乎善良天性的格言：「你為自己謀利益要盡可能地少損害別人」來啟示所有的人。（《論人類不平等的起源和基礎》）

享受成癮

一個人，每天吃的是面包，飲的是開水，他美滿而富足。當他嘗試著更高級的享受時，他發覺會上癮。他喝白蘭地，於是，他每天都要喝，儘管開水更適合他的胃，但白蘭地更適合他的享受。於是他不再支配享受，而被享受支配。

除了他們這樣使身體和精神繼續衰弱下去以外，這些舒適的享受一旦成為習慣，便使人幾乎完全感覺不到樂趣，而變成了人的真正的需要。於是，得不到這些享受時的痛苦比得到這些享受時的快樂要大得多，而且有了這些享受不見得幸福，失掉了這些享受卻真感到苦惱了。（《論人類不平等的起源和基礎》）

自己給自己帶上的枷鎖

很多時候，我們自己走進煩惱、被約束的狀態之中。我們本來是自由的，但是卻走進自我欲望、野心的枷鎖之中，因為我們相信欲望若能滿足、野心得以實現就是幸福的生活。

於是大家都前去迎接他們的枷鎖，相信它可以保障他們的自由。（《論人類不平等的起源和基礎》）

生活中，我們有多少人正在歡歡喜喜地期盼著枷鎖套在自己的脖頸上呢？

拷問自我

總之，儘管我們有那麼多的哲學、仁義、禮儀和崇高的格言，為什麼我們總問別人自己是怎樣一個人，而從不敢拿這一題目來問自己。因此我們祇有一種浮華的欺人的外表：缺乏道德的榮譽，缺乏智慧的理性以及缺乏幸福的快樂。（《論人類不平等的起源和基礎》）

榮譽、理性、快樂，我們得到的是它們華美的外殼，還是樸素的本質呢？我們有很好的哲學、崇高的格言，我們是否忙著用這些格言去打量別人，而忽略了自己？我們用尺子量別人的高低，卻從不量自己的真偽。

每種事物都有價值

自然界中，一顆小小的種子，看似價值不大，卻可以長成參天大樹；在精神世界中，一點善意，看似微不足道，好好呵護，也會長成精神的棟梁。不要輕視精神的種子，要分辨良莠，培育它或剷除它。

在精神世界裡，就跟在物質世界裡一樣，沒有任何東西是一無用處的。（《漫步遐想錄》）

以自身為滿足

我們改變不了外在世界，但卻可以主宰內心的世界。無論世界風雲變幻，我們的內心都能安詳靜謐。世界是眾生的，內心是獨我的。

排除了任何其他感受的自身存在的感覺，它本身就是一種彌足珍貴的滿足與安寧的感覺，祇要有了這種感覺，任何人如果還能擺脫不斷來分我們心、擾亂我們溫馨之感的塵世的肉欲，那就更能感到生活的可貴和甜蜜了。（《漫步遐想錄》）

人人都喜歡做自願做的事

興趣是最好的老師，自願是強大的動力。大力士若無願望，搬起一塊小石頭，都是一件令他苦惱的事。

一件事祇要是帶強制性的，它儘管符合我的願望，但也足以使我的願望消失，使之轉化為厭惡之情，並且這種強制祇要稍為屬害一些，甚至還會化為強烈的反感。（《漫步遐想錄》）

不要恨別人

恨，不能感染別人，祇有愛，才能擴展到全世界。

恨別人，那就是把自己的生活圈子加以壓縮，而我要的卻是把它擴而至於整個宇宙。（《漫步遐想錄》）

愛人，別人才會愛你；尊重別人，別人才會尊重你；別人在你心中，你才會在別人心中。

力量和自由造就偉人

溫室中的花禁不起狂風暴雨；池塘內的鯉魚跳不過龍門；舒適環境中長大的孩子也很難有鉅大的成就。所以，要增加磨難，歷練生活。

力量和自由造就傑出之士，軟弱和約束卻祇能養成平庸之輩。（《漫步遐想錄》）

眾生都是平凡人

聖人不多，愚人亦不多，大家都是平凡人。你沒有好到值得別人付出全部去愛你，別人也沒有壞到值得你以全部去恨他。所以，對待愛與恨，都不妨退一步，那樣才能發現更多的愛，消除更多的恨。

如果我能看到他人的本來面目，識透他們心底的感情的話，我就可以發現，很少有人能好到我應該以全部感情去愛的程度，也很少有人壞到我應去恨的程度。（《漫步遐想錄》）

自由在於不做不想做的事

你有權說話，我有權沉默。自由的真諦在於，當你強迫我說話時，我可以憑借自由的權利保持緘默。

我從來就認為人的自由並不在於可以做他想做的事，而在於可以不做他不想做的事。（《漫步遐想錄》）

邪惡的動機傷害更大

　　孩子無心地丟我們石塊，我們大多祇是會心一笑，不置可否，因為他們並無惡意；鄰居陽臺澆花的水，濺到我們身上，我們也不會惡語相向，因為他們不是故意；而即使一個人費盡心思的目的祇是為了拔掉我們的一根頭髮，我們也會懷恨在心，因為他們懷有邪惡的動機。

　　在落到我們頭上的一切禍害中，我們看重的是動機而不是效果。一塊瓦從屋頂掉下來給我們的傷害可能大些，但不比帶有惡意故意投來的一顆石子那麼叫我們痛心。打擊有時會落空，但動機卻從不會達不到它的目的。（《漫步遐想錄》）

自尊與自負

　　自尊心是有自豪感的心靈的最大的動力；自負心則有豐富的幻想，可以把自己喬裝打扮，使人誤認為就是自尊；但當這個騙局終於揭穿，自負之心無處藏身時，也就沒有什麼可怕的了，我們雖然難以把它扼殺，但至少比較容易把它加以遏制。（《漫步遐想錄》）

不要把挫折歸咎於命運

在命運加於我們的打擊中，物質的痛苦是我們最不敏感的；當不幸的人不知應該把他們的不幸歸咎於誰的時候，他們就歸咎於命運，把它加以人格化，說他有眼睛，有腦筋，有意來折磨他們。這就好比一個輸急了的賭徒，他勃然大怒而不知該向誰發洩。他想象是命運故意來捉弄他，在找到這麼一個泄恨的對象後他就對這個自己假想出來的敵人傾瀉他的滿腔怒火。（《漫步遐想錄》）

保持自我的本色

對於不去想不幸的人來說，不幸就算不了什麼。對一個在所遭到的任何傷害中都祇看到傷害本身而不去看別人的動機的人，對一個在自己心中自己的地位不受他人的毀譽影響的人，冒犯、報復、虐待、委屈和凌辱都算不了什麼。不管人們對我有怎樣的看法，他們改變不了我的存在；不管他們如何強大有力，不管他們施展什麼陰謀詭計，也不管他們幹些什麼，我將不受他們的影響而保持我的本色。（《漫步遐想錄》）

心的布施

你不要光是布施，而必須同時以仁愛之心待人。慈善的行為比金錢更能解除別人的痛苦：你愛別人，別人就會愛你；你幫助別人，別人就會幫助你；你待他情同手足，他對你就會親如父子。（《愛彌兒》）

你送別人金錢，別人也將回饋你金錢；你贈別人禮物，別人也會回贈你禮物；你用心去愛，別人也會用心去愛。物質和情感，是不等價的。

愛我們自己

我們的欲念是我們保持生存的主要工具。

所以，我發現，所有那些想阻止欲念的發生的人，和企圖從根鏟除欲念的人差不多是一樣的愚蠢。

我們的種種欲念的發源，所有一切欲念的本源，唯一同人一起產生而且終生不離的根本欲念，是自愛。

因此，我們第一個最重要的責任就是而且應當是不斷地關心我們的生命。如果他對生命沒有最大的興趣，他怎麼去關心它呢？

因此，為了保持我們的生存，我們必須要愛自己，我們愛自己要勝過愛其他一切的東西；從這種情感中將直

接產生這樣一個結果：我們也同時愛保持我們生存的人。（《愛彌兒》）

苦難把人結合在一起

人之所以合群，是由於他的身體柔弱；我們之所以心愛人類，是由於我們有共同的苦難；如果我們不是人，我們對人類就沒有任何責任了。

由此可見，我們之所以愛我們的同類，與其說是由於我們感到了他們的快樂，不如說是由於我們感到了他們的痛苦；因為在痛苦中，我們才能更好地看出我們天性的一致，看出他們對我們的愛的保證。如果我們的共同的需要能通過利益把我們聯係在一起，則我們的共同的苦難可通過感情把我們聯係在一起。一個幸福的人的面孔，將引起別人對他的妒忌，而不會引起別人對他的愛慕。（《愛彌兒》）

没有人能不經歷苦難

人並非生來就一定能做帝王、貴族、顯宦或富翁的，所有的人生來都是赤條條地一無所有的，任何人都要遭遇

人生的苦難、憂慮、疾病、匱乏以及各種各樣的痛苦，最後，任何人都是注定要死亡的。做人的真正意義正是在這裡，沒有哪一個人能夠免掉這些遭遇。（《愛彌兒》）

同情相同遭遇的人

人在心中設身處地地想到的，不是那些比我們更幸福的人，而衹是那些比我們更可同情的人。（《愛彌兒》）

因此，弱者總是向弱者伸出友誼之手；流浪漢也會把最後一枚硬幣投進乞討者的瓦罐裡。

個人的榮華富貴始終是那樣浮沉不定和靠不住的，他們根本不認為他們永遠不會降落到卑賤和窮困的境地，每一個人也許明天就會變得同他今天所幫助的人一個樣子。（《愛彌兒》）

在他人的痛苦中，我們所同情的衹是我們認為我們也難免要遭遇的那些痛苦。

因為我經歷過苦難的生活，所以我要來援助不幸的人。（《愛彌兒》）

高貴者亦難免淪於貧賤

不要讓你的學生常常因他的榮華而藐視不幸的人的痛苦和可憐的人的勞碌，如果他認為這些人同他不相干的話，你就別想把他教育得對他們表示同情了。要使他十分懂得，那些可憐的人的命運也可能就是他的命運，他們的種種痛苦說不定他馬上就會遭遇，隨時都有許多預料不到的和不可避免的事情可以使他陷入他們那種境地。要教育他不要以為他有了出身、健康和財產就算是有了保證，要給他指出命運的浮沉，要給他找出一些數見不鮮的例子，說明有些地位比他高的人在墮落以後其地位還不如那些可憐的人呢。（《愛彌兒》）

妄念不是我們真正的需要

再富有的人，祇睡一張床，祇吃三餐飯，所以，不是我們需要的多，而是我們以為我們需要的多，這是我們的妄念在作怪。

人之所以能夠獨立自由，不是由於他的臂力而是由於他的心靈的節制。不論什麼人，祇要他的欲望少，他就可以少去依賴別人，有些人常常把我們的妄念和我們身體的需要混為一談，把我們的身體的需要看為人類社會的基

礎，因此，因果倒置，把他們的全部理論愈講愈糊塗。

（《愛彌兒》）

心靈的懲罰

壞人給我們造成的痛苦，使我們忘記了他們對他們自己造成的痛苦。如果我們能夠知道他們的心將怎樣懲罰他們所犯的罪惡，我們也許是更容易原諒他們的罪惡的。我們感覺到他們對我們的侵害，我們看不見他們使自己受到的懲罰；他們所得到的好處是表面的，而他們所受到的痛苦則是內心的。一個人在享受以罪惡的行為取得的果實時，他所受的痛苦，是不亞於他作惡未成的時候的痛苦的；目標是改變了，而心中的不安是一樣的。（《愛彌兒》）

為人要謙虛

偉大的人是絕不會濫用他們的優點的，他們看出他們超過別人的地方，並且意識到這一點，然而絕不會因此就不謙虛。他們的過人之處愈多，他們愈認識到他們的不足。他們對他們超過我們的地方所感到的自負，還不如他

們對他們的弱點所感到的羞愧之心大；在享受他們所獨有的長處時，他們是決不會愚蠢到誇耀自己不擁有的天賦。（《愛彌兒》）

美德終會得到補償

在這個世界上，有千百種強烈的欲念淹沒了內在的情感，瞞過了良心的責備。道德的實踐給人帶來了委屈和羞辱，因而使人感覺不到道德的美……我的意思並不是說善良的必將得到報償，因為，一個優秀的人物除了按自然而生活以外，還希望得到什麼更好的報償呢？但是我認為他們必然會感到快樂，因為他們的上帝，一切正義的神，既然使他們有感覺，其目的就不是為了叫他們感受痛苦，而且，由於他們在這個世界上沒有濫用他們的自由，他們就沒有被他們的過失弄錯他們的歸宿，因此，他們今生雖然遭受了苦難，他們來生是會得到補償的。我這個看法，不是依據人的功績而是依據善的觀念得出來的，因為我覺得這種觀念同神的本質是分不開的。我必須指出：秩序的法則為萬物所遵守，上帝始終是忠實於他自己的。（《愛彌兒》）

良心和欲念

良心是靈魂的聲音，欲念是肉體的聲音。（《愛彌兒》）

人由肉體和靈魂兩部分組成，肉體是靈魂的住所，靈魂是肉體的主宰。它們相互依存，卻又互相爭奪。良心總是使人向善，而欲念卻總是促人墮落。讓我們聽取靈魂的指導生活吧，因為沒有靈魂的肉體，祇是一具行屍走肉。

道德在於實踐

勸別人為善，自己卻不做善事的人，是虛偽的，因為，他雖有高尚的動機，卻沒有實踐的言行，這樣的人，最終會淪為偽善者。

道德在於實踐，宣揚那種自己不準備實行的道德的人活該倒霉。（《新愛洛漪絲》）

責任是對困難的抵抗

默默的堅忍比一時的英雄行為更偉大。越王勾踐的偉大不在於他最終能夠打敗吳國，而在於他數十年在困難中的堅忍。

責任要求我們的並不是英雄的行為，而是對於不斷的苦難的更為英雄的抵抗。（《新愛洛漪絲》）

要尊重自己

「物必先腐也，然後蟲生之」，別人的褒貶並不是我們衡量自我的標準，任何時候，祇有充滿自信，我們才能發掘自己的潛力。不要認為自己一無是處，如果你輕視自己，那麼別人還會尊重你嗎？

你確信自己還有價值，你才真的有價值。（《新愛洛漪絲》）

欲望是匱乏的根源

永不知足的人，永遠不會得到快樂，因為對他來說，欲望為他準備的永遠是欲望。

他無限的欲望將為他準備著永遠的匱乏。（《新愛洛漪絲》）

勇敢是恒久的

真正的勇敢更為恒久而較少一時的衝動；他總是如他所應該的那樣；既不需要刺激它，也不需要克制它；正派的人隨時隨地不離開它，在決鬥中用它對付敵人，在團體中捍衛缺席者的榮譽和真理的利益，在臥病時對付疾病和死亡的攻擊。（《新愛洛漪絲》）

生命在於行善

生命猶如一段旅行，如果你手中有荊棘和玫瑰的種子，你會在旅途中如何播種呢？播散愛，開滿花，生命就是天堂；播撒惡，布滿罪，生命就是地獄。

痛苦和歡樂有如過眼雲煙；生命有如白駒過隙；從它本身說毫不足道，它的價值在於它的應用。唯有善使它常駐；因了善，它才算得是個東西。（《新愛洛漪絲》）

保持一顆善感的心

隨著年事的增長，一切的感情趨於集中；我們每天都在喪失一些對我們曾是可貴的而不再能替代的東西。我們的心靈就這樣逐步死去，最後祇有愛自己，終於在停止存

在以前，我們已停止感受和生活。可是一顆善感的心是竭盡全力抵抗這種超前的死亡的；當死的寒氣從各方開始侵襲時，它在其周圍集中起它所有的自然的熱力；它越喪失得多，它便越抓住它所剩的，於是它可以說用一切其他的紐帶來維繫那最後的目標了。（《新愛洛漪絲》）

我們都會老去，都會反應遲鈍，但善感的心，總會發現老年獨有的樂趣。有了一顆善感的心，老年才能成為完結生命的美好旅程。

智者由外而內關照自己

「智者樂水，仁者樂山；智者動，仁者靜；智者樂，仁者壽。」（《論語》）

仁智之人，能夠於動中取靜，於靜中窺動。他們內心是平靜的水，不管外部世界如何變幻，內心的湖泊都沒有漣漪。他們反觀自然，感悟蒼生，由外而內，關照自我。

智者的青春是他獲得生活經驗的時期；他的激情是他的生活經驗的工具；但在把他的靈魂應用於外部事物以感受它們之後，他又把它縮回到他自己內部以便觀察、比較並認識它們。這是您比世上任何人更應該做的事。（《新愛洛漪絲》）

不要為一次的快樂而喪失一切

最使我感到驚訝的是，她對於節制的欣賞跟享樂主義者對於欲望的追求抱著同樣的理由。她說：「生命是短促的，的確如此；這就需要好好地利用它，並藝術地分配它的過程，使它盡可能地取得最好的用途。如果一天的饜足奪走了我們一年的快樂，那是祇知道追隨欲望引導我們行走的壞的哲學，卻不考慮我們的力量是否會比我們要走的生活道路消逝得更快些，我們的心是否會比我們自己死得更早些。我看到那些庸俗的享樂主義者為了永不願喪失一次快樂，卻喪失了一切，在一切快樂中感到煩惱，不知道找到一個快樂。他們想節約時間，卻在浪費它，他們像守財奴似的，因為不知道及時捨棄一點兒而遭到了破產。

（《新愛洛漪絲》）

克服自私的成見

一個人，人們事先對他已有一個定見，或者是好，或者是壞。對這樣一個人，要準確地看出他到底怎樣，這比你似乎以為的要難。因為不論他幹什麼，說什麼話，人們都往已經對他形成的看法上去套。每個人看到的、贊同的，全是證實自己判斷的東西，而對自己的判斷相悖的一

切，要麼否認，要麼用自己的方式去加以解釋……一個人說白，一個人說黑；在那個人最無關緊要的行為中，一個人找到的是美德，另一個人找到的是惡習……同樣一個物件，不同的時刻，用懷著不同情感的眼睛去觀看，會給我們留下很不相同的印象……仇恨蒙住人的雙眼會達到何種程度，這是大家都知道的。誰能在自己厭惡的對象身上看出美德來呢？誰又能從來自一個卑鄙小人的一切中看不出惡來呢？人們總是極力要證明自己的情感有道理，這又是非常自然的一種心態。人們總是極力覺得自己憎恨的東西是可憎可惡的。（《對話錄》）

不要以牙還牙

美德永遠不允許通過模仿一個騙子來懲罰他。

對一個背信棄義的人，必須用對他背信棄義的辦法來懲罰他。

……

對他照他自己的箴言來辦！你真想得出來啊！這是什麼原則！什麼道德！如果對別人可以而且應該照這個人自己的箴言辦事，那就必須對說謊者說謊，對無賴進行敲詐，對投毒犯投毒，將殺人犯謀殺，對惡棍小人也任意當

惡棍小人！如果衹有和正直的人在一起，人們才不得不當正人君子，那麼在我們這個時代，這個義務就不會讓任何人為美德花費什麼大的代價了。

......

我們對他人的義務雖然可能會隨著時代、對象和場合發生變化，但是對我們自己的義務是絲毫沒有發生變化的。我無法想象，一個人不自以為必須對所有的人都做個正直的人，會對不論什麼人都是個正直的人。（《對話錄》）

虛榮使人攀比

人們一旦習慣於與他人較量，為沒將首席佳位分給自己而勃然大怒，就不能不憎惡一切超越我們、貶低我們、壓制我們的東西，一言以蔽之，一切成點氣候妨礙我們稱王稱霸的東西。虛榮的人總是怒氣衝衝或心懷不滿，因為他希望每個人都對自己另眼相看、青睞有加，而這是不可能的。即使別人並未得到什麼偏愛，而他卻感到別人得到了偏愛，並為此而義憤填膺。他會為一個別的什麼人比我們多占了便宜而怒氣衝衝。其實他自己也得了便宜，自己也感到這樣得到了彌補，可這也不能使他心情平靜下

來。感到祇在某一方面不如人便將他在一百個、一千個其他地方比別人優越的感受毒化，完全忘記了自己比別人多什麼，祇顧著自己比別人少什麼。你會感覺到，在這一切之中，不會有任何東西促使心靈去行善施仁了。（《對話錄》）

工作能保持尊嚴

真正有尊嚴的人，能夠依靠自己而生活。他不靠家庭的供給，不靠朋友的幫助，更不是靠陌生人的施捨，他靠他的工作，靠他的雙手。辛勤的工作使他衣食無憂，勞動後適當有益的休憩，使他充滿活力，在勞與逸之中，他實現自我的價值，即不依賴別人，又不苛責自己。

對於真正的尊嚴，我與他們的想法不同，我在勞與逸的相互過渡中得到非常甜美的享受。（《對話錄》）

為自己做好事

在人前做好事，是為了得到別人的讚揚；而能在無人的時候做好事，才是為自己做好事。做好事不是為了獲得讚揚，而是為了心靈的完滿。

一個善於控制自己的內心，善於約束自己全部激情的人，任何個人利害以及感官的欲望對他都沒有鉅大影響的人，不論在公開場合，還是獨處而且沒有見證人，在任何情況下不考慮自己內心秘密的希冀，祇做正確和正派的事的人，祇有他才是品德高尚的人。（《對話錄》）

我們是善良的平凡人

暴徒行凶，你忙著躲避；盜賊偷竊，你不敢高聲吶喊。你說心中的吶喊也是正義的呼聲，要知道，你我都是善良的平凡人。

人們可以不做不公正的事，卻沒有勇氣去與不公正做鬥爭。人們可以拒絕給背信棄義的行為當幫凶，卻不敢揭露背信棄義的人。一個主張公正卻軟弱的人於是從人群中隱退，待在他的角落裡，不敢露面，低聲可憐那被壓迫之人，卻害怕壓迫者，不言不語。誰能知道有多少正派人是處於這種狀況之中呢？他們既不讓別人看見他們，也不讓別人感覺到他們：他們對你那些大人先生們聽之任之，不加阻攔，等待著張口說話沒有危險的時刻來臨。我一直認為，人心天生是正直的。以這個觀念為依據，我認為情形大概是如此。（《對話錄》）

天性的懲罰

所以，請你不要以為，一項卑鄙無恥的陰謀的所有同謀者都會一直平靜地活在、死在自己的罪行之中。待到領導他們的人不再挑動驅使他們的狂熱時，待到這種狂熱已經得到足夠的滿足之後，待到他們已經叫他們的對象在鬱悶之中死掉之後，天性會不知不覺地重新占上風：幹下了極不公正的事的那些人，待到回憶起這些事時再也沒有任何享受的快感相伴隨的時候，他們將會感覺到那些事無法承受的沉重。（《對話錄》）

第四章

愛情與婚姻

女性是偉大的

　　至於說到性行為對兩性的影響，那是完全不平等的。男性祇不過在某些時候才起男性的作用，而女性終生都要起女性的作用，至少她在整個的青年時期要起女性的作用；任何事情都可以使她想起她的性別，同時，為了很好地起到她的作用，她就需要一套同她的性別相適應的做法。她在懷孕期間需要得到照顧，她在坐褥期間需要休息；她在哺乳期間需要過一種安適而少活動的生活；為了撫養孩子，她應當性情溫柔和有耐心，她應當具有一種不為任何事物所挫敗的熱情和愛；她是孩子們和父親之間的紐帶，祇有她才能使他愛他們，使他相信他們確實是他的。為了全家的人親密相處，需要她做出一些多麼細致的安排啊！婦女們之所以能這樣做，並不是因為這些事情是一種美德，而是因為其中含有樂趣，沒有這種樂趣，人類是不久就會滅亡的。（《愛彌兒》）

傾聽女人心

　　世界上不是缺乏傾訴的唇舌，而是缺乏傾聽的耳朵，大人要學會傾聽兒童的聲音，男性要學會傾聽女性的心聲，這樣才能融洽無間。

當你真正感到對方的話是肺腑之言的時候，自己的心靈也一定會敞開來接受一個陌生心靈的真情流露；一個教育家的全部箴言也趕不上你所愛戀的一個聰明女人的情意纏綿的話語。（《懺悔錄》）

欣賞女人

女性的美不在肉體，而在心靈。和女性生活在一起，得到的不是情欲的滿足，而是生活的情趣。

女人最使我們留戀的，並不一定在於感官的享受，主要還在於生活在她們身邊的某種情趣，這話一點不錯！（《懺悔錄》）

没有十全十美的女人

没有人是十全十美的，男人是這樣，女人亦如此，不要用天堂的目光來審視塵世的女子，否則你看到的將永遠是不完美。

我們別去追求自然界中並不存在的完美；這種後果不論在人世哪個女人身上都是一樣的。（《懺悔錄》）

性情是最美的裝飾

　　化妝品、華麗的服飾，都祇是外在的裝飾。化妝品要卸去，服飾要脫去，當我們安睡於床榻的時候，我們自身的品行，才是最美的裝飾。

　　一個女人可以用化妝品來使她出一出風頭，但要獲得別人的喜愛，還是要依賴她的人品。我們的穿扮並不等於我們的本身。

　　溫雅的風度是不像姿色那樣很快就消失的，它是有生命的，它可以不斷地得到更新；一個風度溫雅的女人在結婚三十年之後，仍能像新婚那天一樣使她的丈夫感到喜悅。（《愛彌兒》）

男性和女性是無法比較的

　　所以我們用不著爭論到底是男性優於女性，還是女性優於男性，或者兩種性別的人是相等的，因為，每一種性別的人在按照他或她特有的方向實現大自然的目的時，要是同另一種性別的人再相像一點的話，那反而不能像現在這樣完善了！就他們共同的地方來說，他們是相等的；就他們相異的地方來說，是無法比較的。（《愛彌兒》）

男性與女性的禮貌

自然賦予男性力量，用來幫助；賦予女性細膩，用來關心。男性是崇高的，女性則是優美的；男性是陽剛的，女性則是陰柔的。男人的一半是女人，猶如女人的一半是男人。

一般地說，在人和人的交往中。男人的禮貌表現在予人以幫助，而女人的禮貌則表現在對人體貼。（《愛彌兒》）

愛情是複雜的

愛情是什麼？它超越愛情、親情、友情本身，它是人類感情的復合體。

我敢這樣說：僅僅感受到愛情的人，還不能感受到人生中最美好的東西。我有一種另外的感覺，這種感覺或許沒有愛情那麼強烈，卻比愛情要甜蜜千百倍，它有時和愛情連在一起，但往往又和愛情不相關。這種感情也不是單純的友情，它比友情更強烈，也更溫柔。（《懺悔錄》）

愛情是自私的

　　她在社交場合中同男人交際的方式，是不容許她去討好每一個男人的；祇要她好好地對待每一個人，別人也不會那樣仔細地去計較她對誰是不是有偏心；可是在愛情上，對人的愛是專屬的，如果有一次對另外一個人表現得更親切，就會傷害感情。一個敏感的男人，寧可單獨一個人受女人的惡劣對待，也不願意同其他的人一起受她的恩愛。在他看來，糟糕的是：他同別人一樣，在情人的眼中沒有什麼顯著的分別。（《愛彌兒》）

愛情需要志趣相投

　　盧梭，仍然不免抱怨他的妻子，因為他的妻子沒有和他相當的學識和修養，因為他的妻子不會理解他內心奇妙的情感。這究竟是愛情的悲劇還是愛情的喜劇呢？

　　就是在這時候，我痛切地感到我當初是錯了：我沒有在我們初結合的時候利用愛情所給她的那種順從去培養點她的才能和知識，這些會使我們在隱居生活中更加接近，因而也就會把她的時間和我的時間很有意味地充實起來，不致使我們兩人在對坐時感到時間太長。這並不是說我們兩人對坐就無話可談，也不是說她在我們一同散步時顯得

厭煩；但是，歸根究底，我們沒有足夠的共同見解來構成一個豐富的寶藏；我們的打算從此祇限於享受方面，而我們不能老是談這種打算呀。出現在我們眼前的事物引起我一些感想，而這些感想她卻無力理解。十二年的依戀之情不再需要用言語來表達了；我們倆太相知了，再也沒有什麼可彼此傾吐的了。剩下來的祇有些閒言碎語、飛短流長、冷嘲熱諷了。特別是在寂寞無聊中，一個人才感到跟善於思想的人在一起生活的好處。我並不需要有這種學識就能從和她的談話中得到樂趣，而她要能常常從和我的談話中得到樂趣，倒需要有這種學識。最壞的是，那時我們兩人想單獨談談，還得找機會：她的母親使我討厭，逼得我不得不如此。一句話，我在家裡很不自在。愛的外表損害了真正的情誼。我們有著親密的接觸，卻不是生活在親密的情感裡。（《懺悔錄》）

愛情需要熱情

沒有一個愛人是十全十美的，男性如此，女性也如此，所謂情人眼裡出西施，雖然祇是我們的虛幻，但情感卻驅使我們為這虛幻的愛人，付出真心，付出熱情。

凡是真實的愛，都是充滿著熱情的，其所以那樣地充

滿熱情，是因為在想象中始終存在著一個真正的或虛幻的完美的對象。如果在情人的眼中看來那個完美的對象是沒有什麼價值的，是一個祇供官能享樂的工具，在他的心目中哪裡還能燃起一股激烈的熱情呢？如果是抱有這種看法的話，他的心是熱不起來的，是不會去追求那使情人心醉神迷、情意纏綿的高尚的樂趣的。我承認愛情是空幻的，祇有情感才是真實的，是情感在促使我們去追求使我們產生愛情的真正的美。有人說，這種美在我們所愛的對象的身上是不存在的，它是因我們的錯覺而產生的。啊！這有什麼關係呢？我們是不是因此就可以不那麼熱烈地把我們所有的世俗的情感奉獻給這個想象的模特兒呢？是不是因此就可以不拿淳厚的心對待我們所鍾愛的人呢？是不是因此就可以不拋棄我們卑劣的欲念呢？一個男人不願意為他的情人犧牲生命，這哪裡是一個真心的情郎？而一個願意為愛情而死的人，他心裡還有什麼粗俗的肉欲？我們嘲笑舊時的騎士，其實祇有他們才是真正地懂得愛情的人咧，至於我們，我們祇知道貪圖色情罷了。（《愛彌兒》）

愛情需要付出和尊重

愛情是排他的，是希圖對方偏愛自己的。它同虛榮的

區別在於：虛榮是祇向對方提出種種要求而自己卻什麼也不給予對方，是極不公平的；反之，愛情是向對方提出了多少要求，而自己也給予對方多少東西，它本身是一種充滿了公平之心的情感。再說，他愈是要求對方的愛，便愈是表明他相信對方。當一個人產生了愛情的幻想的時候，是容易相信對方的心的。如果說愛情使人憂心不安的話，則尊重是令人信任的；一個誠實的人是不會單單愛而不敬的，因為，我們之所以愛一個人，是由於我們認為那個人具有我們所尊重的品質。（《愛彌兒》）

愛情需要犧牲

為愛犧牲的人，不計其數。當必須為愛犧牲時，就請心甘情願做個犧牲者吧，自己所愛的人的幸福，不也是自己的幸福嗎？

當共同的幸福變得不可能時，那就在所愛者的幸福裡尋求自己的幸福，這難道不是愛情無望者所能做的一切嗎？（《新愛洛漪絲》）

愛情需要全心全意

愛情是排他的，更是專屬的。沒有人願意擁有三心二意的愛情，如果愛情可以分享，可以虛情假意，可以不把心交給對方，那麼愛情還有存在的必要嗎？

這並不是說，蘇菲對別人是不是真正愛她，是看得無所謂的；恰恰相反，她在愛情上是要求得極其嚴格的；她寧可不為任何一個人所愛，也不願意被一個人半心半意地愛。（《愛彌兒》）

愛情是動力

愛情，是偉大的動力。一個被愛情充滿的人，洋溢著激情。

真正的愛情是一股吞沒一切的火焰，它能把自己帶到其他感情中去，鼓舞它們，激發新的精力。因此人們說，愛情創造英雄。（《新愛洛漪絲》）

以心的優點和自願來選擇愛人

犧牲自然的規定來遷就輿論的規定有什麼意義？財產和地位的差別在婚姻裡可以消失和混同起來：差別對於幸

福毫無意義；但脾氣和性格的差別依然存在，人的幸福和不幸要依此為轉移。孩子衹憑愛情作尺度是選擇不好的；但父親衹憑輿論作尺度來選擇則衹會更壞。姑娘缺乏理智和經驗判斷對象的聰明和脾氣，一個好的父親無疑應當對此予以幫助……地位應該由優點和心的自願的結合來衡量，這才是真正的社會秩序；用出身或財產來衡量的人，乃是秩序真正的擾亂者，應該加以申斥和懲罰的正是這些人。（《新愛洛漪絲》）

愛一個人就愛她的全部

愛一個人，就愛她的全部，她的笑，她的溫柔，當然，還有她的任性和嬌蠻，甚至是她臉上的小斑點。記住，沒有一個愛人是十全十美的，愛她，就愛她的全部。

我鍾情的不僅是你的美貌，而且是你所以是你的整個模樣。（《新愛洛漪絲》）

愛情衹提昇情感

當婚姻轉化為向上攀附的階梯時，愛情已無所依附。一個人可以借虛假的婚姻爬到高位，卻不能依靠它提昇感

情。當愛不在，婚姻不過是工具罷了。

愛情使一切接近，卻提高不了人的地位：它祇提高情感。（《新愛洛漪絲》）

愛情不是感官的，而是心靈的

我所理解的愛情祇能在相互的契合和心靈的融洽下產生。假如一個人不被人所愛，他就不會愛人，至少愛得不會久長。沒有回報的愛情，據說它造成那麼多的不幸者，它祇建立在感官上：如果有幾個能深入到靈魂，那是由於虛假的關係的結果，它很快就會清醒。感官的愛情不能沒有肉體的占有，也因它而趨於熄滅。真正的愛情不能沒有心靈的參與，而且祇要產生愛情的關係持續時，愛情也將持續下去。（《新愛洛漪絲》）

嫉妒是愛情的毒藥

嫉妒，使愛情扭曲。愛情不是管制，不是占有，更多的時候是給予對方自由。當嫉妒演變成反目，昔時的甜言蜜語都成了今日的口蜜腹劍。

一種溫柔甜蜜的感情滲入心靈之中，這種感情因很小

的衝突就會變成激烈的憤怒。嫉妒隨著愛情而出現，一旦反目，最溫柔的感情就會釀成流血的犧牲。（《論人類不平等的根源和基礎》）

相愛是婚姻的第一基礎

愛情才是驅使家庭和睦、事業成功的最大動力。一個女性成功者後面，有一個支持並深愛她的男人；一個男性成功者背後，有一個溫柔賢惠的妻子做後盾。祇有相愛，你才願意為對方付出。

丈夫和妻子應當互相選擇。他們必須以共同的愛好作為第一個聯係。他們應當首先聽從他們的眼睛和心的指導，因為結婚之後，他們的第一個義務就是彼此相愛，而彼此相愛或是不相愛，是並不取決於他們的，所以要履行這個義務，就必須具備另外一個條件，那就是在結婚以前雙方就是彼此相愛的。這是自然的法則，這個法則是任何力量都不能夠廢除的；有些人之所以想用許多法律去限制它，是因為他們祇考慮到社會的秩序而未考慮到婚姻的幸福和公民的道德。（《愛彌兒》）

愛情和金錢無關

感情，是金錢買不來的，凡是用錢買來的感情，也會隨著社會經濟的浮動而貶值。

如果需要女人的話，那麼我這顆興奮起來的心所更渴望的是愛情。凡是可以用金錢得到手的女人，在我的眼裡，她們所有的動人之處，都會蕩然無存，我甚至懷疑我是否願意跟這種女人在一起。（《懺悔錄》）

婚姻需要男女相配

婚姻是否能取得最大的幸福，在很多方面要取決於男女雙方是不是相配，不過，要想在各個方面都相配的話，那是十分愚蠢的。所以，我們祇能首先注意到在主要的方面是不是相配，如果在其他方面也相配，那當然是更好，如果不相配，那也沒有關係。十全十美的幸福在世界上是不存在的；然而最大的痛苦，即我們本來可以避免而沒有避免的痛苦，是由於我們的過錯而遭遇的不幸。

在有些方面是就自然的情況來說是相配的，而在另外一些方面是就社會制度來說是相配的，在還有一些方面則完全是按照做人的輿論來說是相配的。做父母的人可以判斷男女雙方是不是符合後面這兩種相配的情形，至於第

一種相配的情形，祗能由孩子們自己去判斷。由父母做主的婚姻，純粹是就社會制度和輿論來考慮雙方是不是相配的，他們所取的不是人，而是社會地位和財產。然而社會地位和財產是可以改變的，祗有人才是始終如一，沒有什麼改變，他在任何情況下都是那個樣子。儘管一方很有財產，然而婚姻是否幸福，完全取決於兩個人的關係。（《愛彌兒》）

婚姻需要忠實

婚姻的結合要求夫婦雙方都要忠實，忠實是一切權利中最神聖的權利；不過，一要求忠實就必然會使一方把對方管束得過嚴。強制和愛情是不能融合在一起的，要命令一方給予快樂是辦不到的。（《愛彌兒》）

你不能命令愛人笑，你不能命令愛人做任何事情，強制的婚姻充滿奴役和暴力。彼此忠誠，不需要獻媚，而需要表現出真實的自己。

你們應當采取的辦法是彼此忠實而不是互獻殷勤、討取歡心。（《愛彌兒》）

婚姻需要信任

和你生活在一起、共度風雨的那個人，一定是值得相信的人。沒有了信任，你還敢輕易把心交給對方嗎？

忠貞、美德和愛，一切都可以重新獲得，而不能重新獲得的是信任，沒有信任，在夫妻生活中就祇能產生反感、苦惱和厭膩，天真的迷人的美已經消失了。（《愛彌兒》）

所以，不要相互欺騙；不要相互遮掩；不要說謊，不要虛偽。

婚姻需要自由

男性和女性，有不同的職責和愛好，不要強調一致，要強調自由。

在她看來，妻子和丈夫當然應該生活在一起，可是並非過同樣的生活；他們應該協調一致，但不必做一樣的事。她說：「這個人喜愛的生活，另一個人可能認為是難堪的；大自然賦予他們的癖性跟它責成他們的職能是不相同的；他們娛樂方面的分歧並不比他們義務的分歧差些。總而言之，夫婦倆循著不同的道路一致追求共同的幸福；而天性和職能的這種分工是他們結合的最強

有力的紐帶。（《新愛洛漪絲》）

靈魂的結合是幸福的

男人和女人是注定要互為彼此的；大自然的目的是讓他們用婚姻來結合。（《新愛洛漪絲》）

如果羅密歐與朱麗葉，如果梁山伯與祝英臺，如果無數相愛的男女都能有情人終成眷屬，那該是多麼幸福的事情啊！沒有比兩顆純潔的心重疊在一起更幸福的事了。

兩個純潔靈魂的甜蜜結合是何等的優美！（《新愛洛漪絲》）

婚姻是神聖的

婚姻的純潔性不受玷污，不僅是夫婦的利益，而且也是整個人類共同的利益。每次當兩夫婦由莊嚴的紐帶相結合時，這就發生了讓大家敬重這神聖的紐帶，尊敬他們的結合那樣的全人類的無聲的契約。（《新愛洛漪絲》）

不要拒絕接受妻子的財產

夫妻有神聖的婚姻聯結在一起，應該不分彼此，患難與共。

無論您怎樣感到不好受，您得同意，接受自己妻子的財產總要比接受朋友的財產更為快意和適當些，因為他對前者是保護人，對後者是被保護者；而且不管人家會怎樣說，一個正直的人沒有比自己的妻子更親愛的朋友了。（《新愛洛漪絲》）

共同營造幸福的家

結婚不是單單為了兩口子彼此的相思，也是為了共同履行社會生活的義務，認真地管理家務，好好地教育自己的孩子。（《新愛洛漪絲》）

婚姻需要共同經營，生養一個孩子，建造一個溫馨的家。當我們疲憊時，家供我們休息；當我們寒冷時，家溫暖我們的身體；當我們孤獨時，愛人給我們慰藉。

當一個男人在他家裡感到很快樂的時候，他是一定會愛他的妻子的。你要記住：如果你的丈夫在你的家中生活得很幸福，你也必然會成為一個幸福的妻子。（《愛彌兒》）

第五章

家庭與教育

家庭需要用心經營

家，是我們最溫暖的港灣。親情、慈愛、和睦，缺一不可。再沒有比「家」這個詞彙更溫馨的了，也沒有比「家」更容易遭到破壞的了。

再沒有什麼圖畫比家庭這幅圖畫更動人的了，但是，祇要其中少畫了那麼一筆，也就把整個圖畫弄糟了。（《愛彌兒》）

營造良好的家庭氛圍

良好的家庭氛圍，可以薰陶孩子的性情，培養他們的善良和寬容。不要在家庭中爭吵，家庭不是相互爭鬥的競技場。如果一個孩子在家裡猶如在社會中，那麼家的溫暖又體現在何處？

家庭生活的樂趣是抵抗壞風氣的毒害的最好良劑。（《愛彌兒》）

不要對親人保守秘密

不要對你的親人說謊，因為一旦開啟謊言的大門，家庭就會成為謊言的窠臼了。

你祇要有一件事對你所愛的人保守秘密，你不久就會無所顧忌地把什麼事都對他保守秘密。（《懺悔錄》）

親自教養自己的孩子

不能借口貧困、工作或人的尊敬而免除親自教養孩子的責任。

凡是把奶給別人的孩子吃而不給自己的孩子吃的，就不是好母親。（《愛彌兒》）

孩子與父母的深厚感情是在幼年共度的時光中養成的——

這種懷疑會使我因無法斷定而心中難受，我也就不能領略到真正的自然情感的全部美妙：要想維持這種情感，是需要雙方朝夕相處的，至少是在孩子的童年時代。孩子你並不認識，又長期不在身邊，這就會削弱、終至破壞你作為父母的感情，你永遠不會對放在別人家裡奶大的孩子和放在身邊養大的孩子同樣疼愛。（《懺悔錄》）

你若希望你的孩子與你心意相通，就請多陪陪孩子，尤其在他幼小的時候。

愛是相互的

烏鴉反哺，羔羊跪乳，全都是因為母愛的結果。父母祇有給予子女真正的愛，才會在孩子心中播下親情和愛的種子。

母不母，則子不子。他們之間的義務是相互的，如果一方沒有很好地盡她的義務，則對方也將不好好地盡他的義務。孩子知道了應該愛他的母親，他才會愛她。（《愛彌兒》）

不要嬌慣孩子

當一個婦女不是不給孩子以母親的關心而是過於關心的時候，她也可以從一條相反的道路脫離自然；這時候，她把她的孩子造成為她的偶像，她為了防止孩子感覺到自己的嬌弱，卻把孩子養得愈來愈嬌弱，她希望他不遭受自然法則的危害，於是使他遠離種種痛苦，可是沒有想到，由於她一時使他少受一些折磨，卻在遙遠的將來把多麼多的災難和危險積累在他的身上，沒有想到這種謹小慎微的做法是多麼殘酷，它將使幼小時期的嬌弱繼續延長，到成人時受不住種種勞苦。有一則寓言說，太提斯為了使她的兒子成為一個刀槍不入的人，便把他浸在冥河的水裡。這

個寓言很好，寓意也很清楚。可是我所說的那些殘酷的母親，她們的做法卻完全不同，由於她們使孩子沉浸在溫柔舒適的生活裡，所以實際是在給他們準備苦難；她們把他們身上的毛孔打開，讓各種各樣的疾病侵襲，使他們長大的時候，成為這些疾病的犧牲品。

經驗告訴我們，嬌生慣養的孩子比其他的孩子死得還多一些。祇要我們不使他們做超過其能力的事情，則使用他們的體力同愛惜他們的體力相比，其為害還是要小一些。因此，要訓練他們經得起他們將來有一天必然要遇到的打擊。（《愛彌兒》）

所以，我們能夠在使孩子的生命和健康不遭到任何危害時，就把他培養得十分健壯；即使有什麼危險的話，也不必猶豫。因為，既然這些危險是同人生分不開的，那麼，除了在一生當中趁它們為害最輕的時候就拋掉它們之外，還有什麼更好的辦法呢？（《愛彌兒》）

每一個孩子都是天使，不要厚此薄彼

每一個孩子，來到世上都是純潔的，如果每對父母都能善心呵護，那麼每個孩子都會成為純潔的花朵。

我有一個大我七歲的哥哥……

由於家裡人對我過分疼愛，對他就難免有些漠不關心，這樣漠不關心，我並不贊成。這種漠不關心影響了他的教養。還不到放蕩的年齡，他就真正放蕩起來了。（《懺悔錄》）

每一個壞孩子，都是天使，都需要我們細心的呵護。

要公正地對待孩子

當我們被不公正地對待時，我們內心充滿憤怒。

尤其是兒童——

人們可以設想，一個兒童……

他一向聽從理智的支配，日常所受到的都是溫柔、公正、親切的待遇，在他心裡連不公正這個觀念都沒有，可是現在恰恰受到了他最愛和最尊敬的人們方面的第一次不公正的磨難。當時，他的思想該是多麼混亂！他的感情該是多麼複雜。

這來自親人的第一次不公正對待，會在孩子心中烙下多麼深的傷害啊！

即使我活到十萬歲，這些情景也一直歷歷在目。這是我有生以來第一次對不公正和暴力的感受，它深深地銘刻在我的心上。（《懺悔錄》）

所以，不要錯愛孩子，也不要錯怪孩子。

破壞與建設

我們總是傾向於提出批評，但是卻不能給予建議。我們對現行的教育方法指摘頗多，至於說到如何教育孩子，我們則又沒有實質性的建設。

我祇想說明：很早以來就有人在大聲反對這種舊有的教育方法了，可是從來沒有人準備提出一套更好的來。我們這個時代的文學和科學，傾向於破壞的成分多，傾向於建設的成分少。人們可以用師長的口吻提出非難；至於說到建議，那就需要采用另外一種口氣了。（《愛彌兒》）

教育從出生開始

人的教育在他出生的時候就開始了，在能夠說話和聽別人說話以前，他就已經受到教育了。經驗是先於教育的；在他認識他的乳母的時候，他已經獲得了很多的教育。（《愛彌兒》）

這大概就是施行胎教的緣故吧！總之，孩子每時每刻都在學習，父母每時每刻也都在擔任著教師的職責，所

以，請不要懈怠自己的職責。

論教育的作用

出生時，除了自然的稟賦以外，我們一無所有。通過模仿，我們掌握了語言；通過教育，我們獲得了知識。

我們生來是軟弱的，所以我們需要力量；我們生來是一無所有的，所以需要幫助；我們生來是愚昧的，所以需要判斷的能力。我們在出生的時候所沒有的東西，我們在長大的時候所需要的東西，全都由教育賜予我們。（《愛彌兒》）

三種教育

這種教育，我們或是受之於自然，或是受之於人，或是受之於事物。我們的才能和器官的內在的發展，是自然的教育；別人教我們如何利用這種發展，是人的教育；我們對影響我們的事物獲得良好的經驗，是事物的教育。所以，我們每一個人都是由三種教育培養起來的。（《愛彌兒》）

我們教育孩子，不僅要教給他們書本知識，還要教給

他們實踐知識，因為教育是個復合工程。

教育孩子應該做的事

孩子的心靈是張白紙，你在上面畫什麼就是什麼，因此，你要盡力描繪光明，而不是黑暗。

我知道必須讓孩子們有所專心，怠惰乃是孩子們最可怕的危險。可是他們應該學習些什麼呢？這就確乎是個大問題了。讓他們學習做一個人所應該做的事，別去學那些他們應該忘卻的事吧。（《論科學與藝術》）

要保護幼兒的心靈不受傷害

偏見、權威、需要、先例以及壓在我們身上的一切社會制度都將扼殺孩子的天性，慈愛而有先見之明的父母啊，要保護你們幼兒的心靈免受塵世的污染。

趁早給你的孩子的靈魂周圍築起一道圍墙，別人可以畫出這道圍墙的範圍，但是你應當給它安上柵欄。（《愛彌兒》）

身體力行是最好的導師

言傳不如身教，教師的言行是學生最好的教科書；父母的為人處世，是孩子最初的課本。不要為你的孩子樹立壞的榜樣。

真正的教育不在於口訓而在於實行。（《愛彌兒》）

我們需要榜樣的力量

「昔孟母，擇鄰處，子不學，斷機杼」，榜樣是我們幼小心靈的導師。

既然我所見到的人都是善良的榜樣，而我周圍的人又都是最好的人物，我怎能變壞呢？

我對音樂的愛好，更確切地說，我在很久以後才發展起來的音樂癖，確信是受到了姑姑的影響。（《懺悔錄》）

父母是孩子最好的導師

父母給子女的教益，在於以身作則。

這樣，才能「保證她們終有一天將高興地看到自己的女兒學她們的榜樣，看到其他的丈夫叫他們的妻子以她為

模範。」（《愛彌兒》）

教育在於啟發

他有一個能包羅萬象的心胸，其所以這樣，不是由於他有知識，而是由於他有獲得知識的能力；他心思開朗，頭腦聰敏，能夠臨機應變；現在，正如蒙臺涅所說的，他雖然不是一個學識淵博的人，但至少是一個善於學習的人。祇要他能夠明白他所做的一切有什麼用處，能夠明白他為什麼相信他所知道的種種事物，我就感到滿意了。因為，再說一次，我的目的不是教給他各種各樣的知識，而是教他怎樣在需要的時候取得知識，是教他準確地估計知識的價值，是教他愛真理勝於一切。

所以，教師的責任在於啟發，而不是灌輸。

他的責任不是教給孩子們行為的準繩，他的責任是促使他們去發現這些準繩。（《愛彌兒》）

不要讓孩子養成命令的習慣

必須趁早使他養成這樣一種習慣，即：不命令人，因為他不是誰的主人；也不命令東西，因為東西是不聽他的

命令的。

　　但是，一旦他們把周圍的人都看做工具，他們就會依賴這些人去進行活動，就要利用這些人去追求他們的欲望，彌補他們自己的弱點。他們之所以變得討厭、蠻橫、傲慢、搗亂和不服管教，其原因就在於此；至於所以有這種發展，並不是由於他們有天生的治人的心理，而是在這一發展的過程中使他們形成了這種心理；因為，不需要多麼久的經驗，他們就會感覺到，用別人的手去幹活，祇消動一動嘴就可以移動萬物，是多麼舒服。

　　這些準則的精神是，多給孩子們以真正的自由，少讓他們養成駕馭他人的思想，讓他們自己多動手，少要別人替他們做事。這樣，儘早就讓他們養成習慣，把他們的欲望限制在他們力所能及的範圍內，他們就不會嘗他們力不從心的事情的苦頭了。（《愛彌兒》）

不要責怪孩子的破壞

　　聚集在老年人心中的活力，正在衰退；然而在孩子的心中，活力卻極其旺盛，正在向外擴張，可以說，他覺得他的生命足以使他周圍的一切都活躍起來。不管他是在製作什麼東西還是在破壞什麼東西，這是無關緊要的；祇要

他能改變事物的現狀就夠了，所有的改變都是一種活動。如果說在他身上似乎是破壞的傾向較多，其原因也不在於邪惡，而是由於製作東西的活動總是遲緩的，而破壞東西的活動由於是比較的迅速，所以更適合於他的活潑的性情。（《愛彌兒》）

要教孩子們他們自己學不會的東西

不要教魚游泳，不要教鳥飛翔，不要教孩子啼哭，因為這些是他們自己可以學會的事情。

我們教訓人和自炫博學已經成癖，以致往往把那些在孩子們自己本來可以學得更好的東西也拿去教他們，可是卻忘記要他們學習祇有我們才能教他們的事情。（《愛彌兒》）

給孩子快樂的童年

要愛護兒童，幫他們做遊戲，使他們快樂，培養他們可愛的本能。你們當中，誰不時刻依戀那始終是喜笑顏開、心情恬靜的童年？你們為什麼不讓天真爛漫的兒童享受那稍縱即逝的時光，為什麼要剝奪他們絕不會糟蹋的極

其珍貴的財富？他們一生的最初幾年，也好像你們一生的最初幾年一樣，是一去不復返的，你們為什麼要使那轉眼即逝的歲月充滿悲傷和痛苦呢？（《愛彌兒》）

不要拔苗助長

為了不追逐幻想，我們就不能忘記怎樣才能使我們適合於自己的環境。在萬物的秩序中，人類有它的地位；在人生的秩序中，童年有它的地位。應當把成人看做成人，把孩子看做孩子。分配每個人的地位，並且使他固定於那個地位，按照人的天性處理人的欲念，為了人的幸福，我們能做的事情就是這些。（《愛彌兒》）

大自然願意孩子們在成為大人以前先是孩子。如果我們想敗壞這個程序，我們便會產生過早的果子，它們既不會成熟，也不會有滋味，而且很快就會腐敗；我們將會有青年的博士和年老的孩子。童年時代有符合於它的觀看、思想和感覺的方法……我寧可要求一個兒童有五尺高的身材而有十歲的判斷力。（《新愛洛漪絲》）

因此，不要把孩子教育成大人，不要教育出一個所謂的「少年博士」。

有節制的自由

祗需使他知道他弱而你強，由於他的情況和你的情況不同，他必須聽你的安排；要使他知道這一點，學到這一點，意識到這一點；要使他及早明白在他高傲的頸項上有一副大自然強加於人的堅硬的枷鎖，在沉重的生活需要這個枷鎖之下，任何人都要乖乖地受它的約束的；要使他從事物而不從人的任性去認識這種需要；要使他瞭解，使他的行動受到拘束的，是他的體力而不是別人的權威。

種種手段你都試驗過，而沒有試驗的手段，祗有一個，可是能取得成效的，恰恰就是這個未曾試驗的手段：有節制的自由。（《愛彌兒》）

不要輕易懲罰孩子

不要對你的學生進行任何種類的口頭教訓，應該使他們從經驗中去取得教訓；也不要對他們施加任何種類的懲罰，因為他們還不知道他們的錯究竟是錯在什麼地方；也不要叫他們請求你的寬恕，因為他們還不知道他們冒犯了你。由於他們的行為中沒有任何善惡的觀念，所以他們也就不可能做出從道德上看來是一件很壞的、而且是值得懲罰和斥責的事情。（《愛彌兒》）

不要用我們的觀念對待孩子

切開蘋果，我們看到果核，孩子看到的卻是星星。

一個孩子所說的事情，在他們理解起來和我們理解起來是不同的，其間沒有相同的觀念。因此，不管他的外表如何，都應該按他的年齡對待他。（《愛彌兒》）

而不是按我們的年齡，我們的觀念對待他。

使孩子樂意學習

一個孩子不論多麼好奇也不可能好奇到自己去練習使用你拿來折磨他的這個工具；但是，祇要你能夠用這個工具去增進他的快樂，即使你不許可他用，他也是馬上要去用它的。這個辦法就是促使孩子們有學習的欲望。你使孩子們先有這個欲望，然後把你那些字卡和字骰都通通拿開，這時候，隨你用什麼方法去教都可以把他們教得很好的。（《愛彌兒》）

體力和智慧同等重要

如果你不首先培養活潑的兒童，你就絕不能教出聰明的人來。這是斯巴達人的教育方法，他們在開頭並不是教

孩子們去啃書本，而是教他們去掠奪他們的食物。斯巴達人到長大的時候是不是因此就非常的愚魯呢？誰不知道他們說話有力，巧於辯駁？他們戰無不勝，在各種各樣的戰爭中把敵人都打得落花流水；賣弄嘴舌的雅典人既害怕同他們說話，也害怕同他們打架。（《愛彌兒》）

不要用抽象的理論來教育孩子

由於所有一切都是通過人的感官而進入人的頭腦的，所以人的最初的理解是一種感性的理解，正是有了這種感性的理解做基礎，理智的理解才得以形成，所以說，我們最初的哲學老師是我們的腳、我們的手和我們的眼睛。用書本來代替這些東西，那就不是在教我們自己推理，而是在教我們利用別人的推理，在教我們老是相信別人的話，而不是自己去學習。（《愛彌兒》）

用遊戲教育孩子

此外，我們始終要想到的是，所有這些祇不過是或者祇能是遊戲，才是大自然要求他們的使一切活動能舒展自如的辦法，才是使他們的娛樂變得更有趣味的藝術，以

便使他們不感到有絲毫的勉強，不至把娛樂當成了苦役。因為，歸根到底，如果我不能夠使遊戲在他們看來是一種教育人的辦法，他們又從哪裡覺得遊戲是很有趣味的呢？即使我不能做到這一點，祇要他們玩得高興而不出什麼毛病，同時又消磨了時間，則目前他們在各方面能否取得進步，是無關緊要的；反之，如果照你們所想的，非要他們學這個學那個不可，那麼，就不能不最終使他們感到束縛、憤恨和煩惱。

要他工作或要他遊戲，在他看來都是一樣的；他的遊戲就是他的工作，他覺得兩者之間是沒有差別的。他做一切事情都是興趣盎然，令人歡笑，而且動作大方，令人一看就感到喜悅；從他所做的事情就可以同時看出他的心理的傾向和知識的範圍。當你看著一個眼睛靈活、態度沉著、面貌開朗而帶著笑容的漂亮的孩子高高興興地做最重要的事情或者專心專意地嬉樂遊戲的時候，豈不感到高興、心裡樂洋洋的嗎？（《愛彌兒》）

Rousseau

122

教給孩子有用的知識

人的智慧是有限的；一個人不僅不能知道所有一切的事物，甚至連別人已知的那一點點事物他也不可能完全

都知道。既然每一個錯誤的命題的反對面都是一個真理，那麼真理的數目也同謬誤的數目一樣，是沒有窮盡的。因此，我們對施教的內容和適當的學習時間不能不進行選擇。在我們所能獲得的知識中，有些是假的，有些是沒有用的，有些則將助長具有知識的人的驕傲。真正有益於我們幸福的知識，為數是很少的，但是祇有這樣的知識才值得一個聰明的人去尋求，從而也才值得一個孩子去尋求，因為我們的目的就是要把他培養成那樣的聰明的人。總之，問題不在於他學到的是什麼樣的知識，而在於他所學的知識要有用處。（《愛彌兒》）

根據孩子的稟賦培養興趣

一個人喜歡一項工作和適合於做那項工作之間，是大有區別的。由於一個孩子所表現的是他的願望而不是他的稟賦，所以，為了弄清他真正的才情和真正的愛好，就需要進行一些意想不到的細致的觀察，以免我們沒有好好地研究一下他的稟賦就單憑他的願望進行判斷。讓每一個人有一項適合於他的性別的職業，讓年輕人有一項適合於他的年齡的職業……會使針的手就不會使劍，會使劍的手就不會使針。（《愛彌兒》）

教育要深入靈魂

教育不能淺嚐輒止，而是要深入靈魂。

重要的是養成心靈的習慣而不是手上的習慣。

為了要真正占有他所取得的東西，就要把它們放在他的手裡和頭腦裡，放在他自己的身體裡。（《愛彌兒》）

第六章

金錢與財富

對於金錢，不要貪求，切勿揮霍

君子愛財，取之有道；君子重利，非我勿取。

我熱愛自由，我憎惡窘迫、苦惱和依附別人。祇要我口袋裡有錢，我便可以保持我的獨立，不必再費心思去另外找錢。窮困逼我到處找錢，是我平生最感頭痛的一件事。我害怕囊空如洗，所以我吝惜金錢。我們手裡的金錢是保持自由的一種工具；我們所追求的金錢，則是使自己當奴隸的一種工具。正因為這樣，我才牢牢掌握自己占有的金錢，不貪求沒有到手的金錢。（《懺悔錄》）

所以，金錢在手，不要一擲千金；金錢不在手，不要拼命貪求。更多的時候，要學會滿足，因為：

有錢的樂趣抵償不了求財的痛苦。（《懺悔錄》）

不要借債不還

人難免困頓，向朋友、親人伸手，借取金錢，但是，不要做失信的人，不要被人催索。

我雖然差不多過了一輩子窮日子，甚至時常吃不上飯，但我沒有一次不是祇要債主向我要賬，我立刻還他的。我從來沒欠過受到催索的錢，我寧肯自己受點罪也不願欠人家錢。（《懺悔錄》）

不要透支金錢

金錢，猶如一個人的時間，不能過度透支，我們要合理規劃我們的收支，以使金錢是我們快樂的保證，而不是阻礙。

在年輕的時候忍受點艱難，要比欠下很多債，到了老年陷入困境，受到債主們的逼迫強得多。（《懺悔錄》）

需要應和收入相稱

多少金錢才合適？能平衡自己的能力和欲望的人，才不會為金錢煩惱。

總之，我的收入是跟我的需要和欲望相稱的，使我有可能按照個人的志趣選定的方式過幸福而持久的生活。（《懺悔錄》）

不要為了金錢出賣良知

為了錢，是不是什麼都可以做？違反法律，坑害別人，甚至取人性命。

當可以不惜任何代價祇求發財致富的時候，德行又會變成什麼樣子呢？（《論科學與藝術》）

小錢能買大快樂

　　風和日麗的一天，盧梭碰到一群可愛的孩子，他和他們一起嬉戲，並花了幾個銅子給孩子們買糕餅，孩子們玩得很快樂。

　　的確，樂趣是不可用花銷來衡量的；歡樂更樂於跟銅子交朋友，但不願跟金幣結交。（《漫步遐想錄》）

不要用金錢捉弄人

　　有位年輕的紳士，買了很多甜餅，扔到人群中，眾人推搡著來搶；一個賣蘋果的小姑娘急於收攤，盧梭便用幾個銅子買下蘋果，分給幾個想吃蘋果的人。

　　當我把我得到的樂趣跟前面所說的那種樂趣加以比較時，我滿意地感到自然而健康的樂趣與由擺闊心理產生的樂趣之間的不同，後者幾乎就是捉弄人的樂趣，是純粹出之於鄙視別人的樂趣。當你看到由於貧困而失去身份的人，為了搶奪幾塊扔到他們腳下，沾滿爛泥的甜餅而擠成一團，滾成一堆，拳打腳踢時，又能得到什麼樂趣呢？（《漫步遐想錄》）

善心不是用金錢購買的

對那些需要得到幫助的人，應該毫不遲疑地提供援助；而在日常生活的交往中，就該憑天然的善心和禮貌行事，別讓任何帶有銅臭的東西來敗壞或玷污這如此純潔的源泉。據說在荷蘭，連問人鐘點或請人指路都要付錢。把人情之常的這點最微不足道的義務都要當成買賣來做，這樣的人也未免太可鄙了。（《漫步遐想錄》）

當你到朋友那裡去，甚至到陌生人家裡去，他們供給你食物和水。他們這樣做，如果是出於友誼和善心，即使食物匱乏也是幸福的。

當你能說「我是人，受到人的接待；是純潔的人情給了我這頓飯餐」時，難道這是微不足道的事嗎？當你的心比你的身體受到更好的款待時，物質上的小小匱乏是算不了什麼的。（《漫步遐想錄》）

財富和缺乏有關

擁有多少財富才能感到滿足，這是相對的，基本上，得到財富的欲望和缺乏的程度成反比。

沒有所謂絕對的財富，這個詞兒祇意味著富人的欲望和充分滿足超過富餘的可能性之間的一種比例。（《新愛

洛漪絲》）

赤貧的人稍有所得就成了富翁。窮光蛋撿著一塊銀元比財主撿著一袋金子還要高興。（《漫步遐想錄》）

不要對富人憤憤不平

在我身上最難克服的是一種憤世嫉俗的驕傲心理，是對世界上的富人和幸運的人的一種痛恨，好像他們都是犧牲了我才發財走運的，好像他們的所謂幸福都是從我這裡奪過去的。（《愛彌兒》）

並不是所有的財富都是不勞而獲的，我們應該對那些因付出汗水而得到財富的人投以尊敬的目光。任何正直的勞動，都應該有所回報；任何辛勤的汗水，都應該增添財富，這是正直人生的要求。

不要被財富奴役

人的第一條重要原則就是生存，養活自身，財富、金錢，不都是為了我們的幸福才有價值的嗎？不要讓財富綁架我們，要愛自己甚於愛財富，這樣才能有自由的思維。

一個人如果愛他自身更甚於愛他的財富的話，就能保

持他運用思想的習慣。（《愛彌兒》）

節制欲念

富有的人，常常耽於欲望，他們紙醉金迷，不懂得節制自己。財富成了健康的殺手。

在這蓋滿了大地的許許多多的財富中，我將尋求我最喜歡和最能占有的東西。為此，我的財富的第一個用場是用來買得閒暇和自由，其次是用來買得健康，如果健康可以用錢買得到的話。由於要買得健康就必須節制欲念，而沒有健康，就沒有生活的真正樂趣，因此，我要節制我的肉欲。（《愛彌兒》）

人的優點比財富更有價值

節儉是個好習慣，一個節儉的人，珍惜自己的財富；一個奢侈的人，消耗自己的財富。節儉的人，財富越積越多；奢侈的人，財富越來越少，最終，節儉將會戰勝奢侈，不管奢侈的人最初有多少財富。

更重要的是，教導人民認識到，人的優點要比財富更有理由值得重視。（《社會契約論》）

心靈是我們最大的財富

我要投身於和我的心靈親切交談這樣一樁甜蜜的事裡去，因為我的心靈是別人無法奪走的惟一的東西。（《漫步遐想錄》）

而耐心、溫馨、認命、正直、公正，這些都是我們不愁被人奪走的財富，它可以永遠充實自己而不怕死亡來使其喪失價值。（《漫步遐想錄》）

幸福是財富

一個人為了自己的幸福而必須學習的東西為數並不很多，而不管數量多寡，這些東西都是屬於他的財富，他無論在什麼地方發現這些財富都有權利要求，而別人卻不能剝奪它，否則就是犯下最不公平的搶劫罪，因為這種財富是人人共有的，誰要是給了別人，自己也並不因此就會感到匱乏。（《漫步遐想錄》）

支出是為了產出

水滴祇有放進大海裡，才不致干涸；金錢祇有用於流通，才能產出更大的價值。

依靠節儉和不斷的注意，人可以超過自己錢財以上生活。如果我們願意，我們完全能夠增加我們的財產而絲毫不改變我們的生活方式；因為我們金錢的每種投入都以某種產品的生產為目的，我們的一切支出給了我們更多消費的可能。（《新愛洛漪絲》）

Jean-Jacques
Rousseau

第七章

社會與政治

人與時代的關係

一個人不能脫離他的時代，也不能脫離他的出身，因此，每個人自身都具有局限性。

在各個時代中，總有一些人生來就是受他們的時代、國家和社會的見解的束縛的。（《論科學與藝術》）

科學與藝術會約束人類的自由

科學與藝術在促進人類福祉的同時，也約束了人類自由的天性。社會發展了，藝術發展了，人類卻未必比先前感受到更多的自由。我們又被科學、被藝術所約束了。

精神也和身體一樣，有它自己的需要。身體需要是社會的基礎，精神需要則是社會的裝飾。政府與法律為人民集體提供了安全與福祉；而科學、文學和藝術，由於它們不那麼專制因而也許更有力量，就把花冠點綴在束縛著人們的枷鎖之上，它們窒息人們那種天生的自由情操——看來人們本來就是為了自由而生的——使他們喜愛自己被奴役的狀態，並且使他們成為人們所謂的文明民族。需要奠定了寶座，而科學與藝術則使得它們鞏固起來。（《論科學與藝術》）

法律才能保障每個人的自由

我願意自由地生活，自由地死去。也就是說，我要這樣地服從法律：不論是我或任何人都不能擺脫法律的光榮的束縛。這是一種溫和而有益的束縛，即使是最驕傲的人，也同樣會馴順地受這種束縛，因為他不是為了受任何其他束縛而生的。

你們之中沒有一個人是那樣不聰明，以致不知道這樣的道理，即法律的效力和護法者的權威消失了的地方，任何人都得不到安全和自由。（《論人類不平等的起源和基礎》）

尊重法律，就是尊重自由；不要褻瀆法律，因為那是在挖自由和安全的基石。

國家是我們的母親

我們應該建設怎樣的國家，制定怎樣的法律？

要讓我們的國家成為公民的公共母親；要讓公民在國家中享受種種利益。能使他們熱愛這個國家；要讓政府在公共事業中留給人民足夠的地位以使公民總感到像在自己家裡一樣；要使法律在公民的心目中祇是一種保障公共自由的東西。（《論政治經濟學》）

好的國家

　　使人口平均分布在領土上，使同樣的權利普及於各個地方，使到處都享有富足與生命；唯有這樣，國家才能成為既是盡可能最強而有力的，而同時又是盡可能治理得最好的國家。（《社會契約論》）

理想的國家

　　假如對於出生的地方也可以選擇的話，我一定會選擇這樣一個國家：它的幅員的大小決不超出人們才能所及的範圍以外，也就是說能夠把它治理得好。在這個國家中，每個人都能勝任他的職務，沒有一個人需要把他所負的責任委託給別人。在這樣一個國家中，人民彼此都互相認識，邪惡的陰謀，或謙遜的美德，都不能不呈現於公眾的眼前並受公眾的評斷。在那裡互相往來，互相認識的良好習慣，將使人們對祖國的熱愛與其說是熱愛土地，毋寧說是熱愛公民。

　　我情願生在這樣一個國家：在那裡主權者和人民祇能有唯一的共同利益，因之政治機構的一切活動，永遠都祇是為了共同的幸福。這祇有當人民和主權者是同一的時候才能做到。因此，我願意生活在一個法度適宜的

民主政府之下。

　　我願意選擇這樣一個國家作為我的祖國：它幸運地沒有強大的力量，因之沒有征服他國的野心，同時更幸運地由於它所處的地位也沒有被別國征服的恐懼。

　　我將選擇一個立法權屬於全體公民的國家作為我的祖國：因為有誰比公民自己更瞭解在怎樣的條件下，他們才更適於在同一個國家裡共同生活呢？

　　我將選擇這樣一個共和國：那裡的人民很滿意自己有權批準法律；他們可以根據首長們的提議集體地來決定最重要的公共事務；建立一些受人尊重的法庭；慎重地劃分國家的省份和縣份；每年選舉公民中最能幹、最正直的人員來掌管司法和治理國家。在這樣的共和國裡，政府官員的道德就可以證明人民的賢智，官員與人民可以說是相得益彰。因此，即使偶有不幸的誤會攪亂了大家的和睦時，人們就是在盲目和錯誤中，也都能保持一定的節制，大家依然互相尊敬，共同遵守法律。這就是誠摯而永久和睦的徵兆和保證。（《論人類不平等的起源和基礎》）

除了法律，你沒有其他主人

　　人不應該成為他人的奴隸，他應該遵循的是法律，而

不是個人乃至別的權威。

除了由你們自己制定的，而且是由你們自己選出的正直官員所執行著的明智的法律而外，你們沒有別的主人。（《論人類不平等的起源和基礎》）

虛偽的正義者

我以一種摻雜著驚異和尊敬的愉快心情指出：他們多麼憎惡那些在歷史上屢見不鮮的表面上尊奉聖教，實際上卻極為殘酷的人們的可怕的信條，這些人往往借口維護所謂上帝的權利，其實就是維護他們自己的利益，希望自己的血永遠受到尊重，而對人類的血則毫不吝惜。（《論人類不平等的起源和基礎》）

虛偽的正義者，打著公共福祉的幌子來謀取個人的利益；他們尊重自己的鮮血，卻輕拋別人的鮮血。這是多大的虛偽和罪惡啊！

不平等更多是人為造成的

實際上，我們很容易理解，在那些區分人與人之間的各種差別中，有許多被認為是天然的差別，其實這些差

別完全是習慣和人們在社會中所采取的各種不同的生活方式的產物。因此，一個人體質的強弱以及依存於體質的體力的大小，往往取決於他是在艱苦環境中成長起來的，抑或是在嬌生慣養中成長起來的，而不是取決於他的身體的先天稟賦。智力的強弱，也是一樣。教育不僅能在受過教育的人和沒受過教育的人之間造成差別，而且還隨著所受教育程度的不同而增大存在於前者之間的差別。因為一個鉅人和一個矮人，在同一道路上行走，二人每走一步，彼此之間的距離必更為增大。假如我們把流行於文明社會各種不同等級之中的教育和生活方式上的不可思議的多樣性，來和吃同樣食物，過同樣生活，行動完全一樣的動物和野蠻人的生活的單純一致比較一下，便會瞭解人與人之間在自然狀態中的差別，應當是如何小於在社會狀態中的差別，同時也會瞭解，自然的不平等在人類中是如何由於人為的不平等而加深了。（《論人類不平等的起源和基礎》）

私有財產的罪惡

自己實際上是一種樣子，但為了本身的利益，不得不顯出另一種樣子。於是，「實際是」和「看來是」變成

迥然不同的兩回事。由於有了這種區別便產生了浮誇的排場；欺人的詭計以及隨之而來的一切邪惡。另一方面，從前本是自由、自主的人，如今由於無數新的需要，可以說已不得不受整個自然界的支配，特別是不得不受他的同類的支配。縱使他變成了他的同類的主人，在某種意義上說，卻同時也變成了他的同類的奴隸：富有，他就需要他們的服侍；貧窮，他就需要他們的援助；不窮不富也決不能不需要他們。於是他必須不斷地設法使他們關心他的命運，並使他們在實際上或在表面上感到為他的利益服務，便可以獲得他們自己的利益。這樣，就使得他對一部分人變得奸詐和虛偽；對另一部分人變得專橫和冷酷，並且，當他不能使一些人畏懼自己，或者當他認為服侍另一些人對他沒有什麼好處的時候，他便不得不欺騙他所需要的一切人。最後，永無止境的野心，與其說是出於真正需要，毋寧說是為了使自己高人一等的聚積財富的狂熱，使所有的人都產生一種損害他人的陰險意圖和一種隱蔽的嫉妒心。這種嫉妒心是特別陰險的，因為它為了便於達到目的，往往戴著偽善的面具。

總而言之，一方面是競爭和傾軋，另一方面是利害衝突，人人都時時隱藏著損人利己之心。這一切災禍，都是私有財產的第一個後果，同時也是新產生的不平等的必然

產物。（《論人類不平等的起源和基礎》）

自由是人的天性

　　文明人毫無怨聲地戴著他的枷鎖，野蠻人則決不肯向枷鎖低頭，而且，他寧願在風暴中享自由，不願在安寧中受奴役；正如一匹被馴服了的馬，耐心地忍受著鞭策和踢馬刺，而一匹未馴服的馬則一接近馬繮繩就豎起鬃毛，用蹄擊地，激烈地抗拒。所以，不應當根據被奴役的人民的墮落狀態，而應當根據一切自由民族為抵抗壓迫而作出的驚人事跡來判斷人的天性是傾向奴役或反對奴役。我知道前一種人祇是不斷地誇耀他們在枷鎖下所享受的和平和安寧，其實他們是把最悲慘的奴隸狀態稱為和平。但是，當我看到後一種人寧肯犧牲快樂、安寧、財富、權力甚至生命來保存他們這項唯一的財產——也就是喪失了這項財產的人那麼藐視的財產——的時候；當我看到生來自由的一些野獸，因憎恨束縛向牢籠欄杆撞壞了頭的時候；當我看到成千成萬的赤裸裸的野蠻人，鄙視歐洲人的淫逸生活，祇為保存他們的獨立自主而甘冒饑餓、炮火、刀劍和死亡的危險的時候，我感到討論「自由」的問題，並不是奴隸們的事情。（《論人類不平等的起源和基礎》）

生命和自由

人類主要的天然稟賦，生命和自由，則不能與此相提並論，這些天賦人人可以享受，至於是否自己有權拋棄，這至少是值得懷疑的。一個人拋棄了自由，便貶低了自己的存在，拋棄了生命，便完全消滅了自己的存在。因為任何物質財富都不能抵償這兩種東西，所以無論以任何代價拋棄生命和自由，都是既違反自然同時也違反理性的。

出賣自由就等於出賣自己的生命，而任何人都不是自己生命的主人。我所要知道的僅祇是：不怕把自己貶低到這種程度的人們，有什麼權利使他們的後裔也受同樣的屈辱，並代替自己的後裔放棄那些並非由於他們的賜予而獲得的幸福？對於一切理應享受這些幸福的人們來說，若是沒有這些幸福，則生命本身就成為一種負擔了。（《論人類不平等的起源和基礎》）

好的社會制度

好的社會制度，能平衡公民和國家之間的關係，能把個人融合在集體內。

自然人完全是為他自己而生活的；他是數的單位，是絕對的統一體，祇同他自己和他的同胞才有關係。公民

祇不過是一個分數的單位，是依賴於分母的，它的價值在於他同總體，即同社會的關係。好的社會制度是這樣的制度：它知道如何才能夠最好地使人改變他的天性，如何才能夠剝奪他的絕對的存在，而給他以相對的存在，並且把「我」轉移到共同體中去，以便使各個人不再把自己看做一個獨立的人，而祇看做共同體的一部分。（《愛彌兒》）

人生的枷鎖

人是生而自由的，但卻無處不在枷鎖中。自以為是其他一切的主人的人，反而比其他一切人更是奴隸。（《社會契約論》）

自由是相對的，而不是絕對的，祇有法律、社會契約這些「枷鎖」的存在，我們的自由才有保障。

維護自身的生存

人性的首要法則，是要維護自身的生存，人性的首要關懷，是對於其自身所應有的關懷；而且，一個人一旦達到有理智的年齡，可以自行判斷維護自己生存的適當方

法時，他就從這時候起成為自己的主人。（《社會契約論》）

強力不能改變意志

強力可以使蘆葦彎曲，卻不能改變蘆葦內部的結構；暴力可以使我們暫時屈服，卻不能改變我們的意志。

強力是一種物理的力量，我看不出強力的作用可以產生什麼道德。向強力屈服，祇是一種必要的行為，而不是一種意志的行為；它最多也不過是一種明智的行為而已。（《社會契約論》）

自由具有道德性

追求自由，是道德賦予我們的責任；如果拋棄自由，那等於放棄做人的資格。

放棄自己的自由，就是放棄自己做人的資格，就是放棄人類的權利，甚至就是放棄自己的義務。對於一個放棄了一切的人，是無法加以任何補償的。這樣一種棄權是不合人性的；而且取消了自己意志的一切自由，也就是取消了自己行為的一切道德性。（《社會契約論》）

戰爭不以人為敵

因此，戰爭絕不是人與人的一種關係，而是國與國的一種關係；在戰爭之中，個人與個人絕不是以人的資格，甚至於也不是以公民的資格，而祇是以兵士的資格，才偶然成為仇敵的；他們絕不是作為國家的成員，而祇是作為國家的保衛者。最後，祇要我們在性質不同的事物之間不可能確定任何真正關係的話，一個國家就祇能以別的國家為敵，而不能以人為敵。（《社會契約論》）

所以，敵國之間的人也可以是朋友。戰爭祇發生在國與國之間，不發生在放下國家身份的平民間。

公平的約定

無論是一個人對一個人，或者是一個人對全體人民，下列的說法都是同樣毫無意義：

「我和你訂立一個責任完全歸你而利益完全歸我的約定；祇要我高興的話，我就守約；而且祇要我高興的話，你也得守約。」（《社會契約論》）

不要拋棄公民的義務

事實上，每個個人作為人來說，可以具有個別的意志，而與他作為公民所具有的公意相反或者不同。對他來說，個人利益可以完全違背公共利益；他那絕對的、天然獨立的生存，可以使他把自己對於公共事業所負的義務看做是一種無償的貢獻，而拋棄義務之為害於別人會遠遠小於因履行義務所加給自己的負擔。而且他對於構成國家的那種道德人格，也因為它不是一個個人，就認為它祇不過是一個理性的存在；於是他就祇享受公民的權利，而不願意盡臣民的義務了。這種非正義長此以往，將會造成政治共同體的毀滅的。（《社會契約論》）

公約保障社會自由

現在讓我們把整個這張收支平衡表簡化為易於比較的項目吧：人類由於社會契約而喪失的，乃是他的天然的自由以及對於他所企圖的和所能得到的一切東西的那種無限權利；而他所獲得的，乃是社會的自由以及對於他所享有的一切東西的所有權。為了權衡得失時不致發生錯誤，我們必須很好地區別僅僅以個人的力量為其界限的自然的自由，與被公意所約束著的社會的自由；並區別僅僅是由於

強力的結果或者是最先占有權而形成的享有權，與衹能是根據正式的權利而奠定的所有權。（《社會契約論》）

公約保障人人平等

法律面前人人平等，人人受相同的約束，在相同的舞臺競技；儘管人生而不平等，但法律為他們營造了一個平等的體制。

我現在就要指出構成全部社會體係的基礎：那就是，基本公約並沒有摧毀自然的平等，反而是以道德的與法律的平等來代替自然所造成的人與人之間的身體上的不平等；從而，人們盡可以在力量上和才智上不平等，但是由於約定並且根據權利，他們卻是人人平等的。（《社會契約論》）

公意應該從全體出發

把我們和社會體聯結在一起的約定之所以成為義務，就衹因為它們是相互的；並且它們的性質是這樣的，即在履行這些約定時，人們不可能衹是為別人效勞而不是同時也在為自己效勞。如果不是因為沒有一個人不是把每個人

這個詞都當成他自己，並且在為全體投票時所想到的祇是自己本人的話，公意又何以能總是公正的，而所有的人又何以能總是希望他們之中的每個人都幸福呢？這一點就證明了，權利平等及其所產生的正義概念乃是出自每個人對自己的偏私，因而也就是出自人的天性。這一點也就證明了公意若要真正成為公意，就應該在它的目的上以及在它的本質上都同樣的是公意。這就證明了公意必須從全體出發，才能對全體都適用；並且，當它傾向於某種個別的、特定的目標時，它就會喪失它的天然的公正性，因為這時我們判斷的便是對我們陌生的東西，於是便不能有任何真正公平的原則在指導我們了。（《社會契約論》）

義務和權利是平等的

每個人都必然地要服從他所加之於別人的條件。

誰要依靠別人來保全自己的生命，在必要時就應當也為別人獻出自己的生命。

無論從哪方面來說明這個原則，我們總會得到同樣的結論：即，社會公約在公民之間確立了這樣的一種平等，以致他們大家全都遵守同樣的條件並且全都應該享有同樣的權利。

當正直的人對一切人都遵守正義的法則，卻沒有人對他遵守時，正義的法則就祇不過造成了壞人的幸福和正直的人的不幸罷了。因此，就需要有約定和法律來把權利與義務結合在一起，並使正義能符合於它的目的。（《社會契約論》）

　　每個人都享受相同的義務和權利，這是社會公約賦予我們的平等。

死刑是為了保障生命

　　對罪犯處以死刑，也可以用大致同樣的觀點來觀察：正是為了不至於成為凶手的犧牲品，所以人們才同意，假如自己做了凶手的話，自己也得死。在這一社會條約裡，人們所想的祇是要保障自己的生命，而遠不是要了結自己的生命；決不能設想締約者中的任何一個人，當初就預想著自己要被絞死的。（《社會契約論》）

法律是我們意志的記錄

　　根據這一觀念，我們立刻可以看出，我們無須再問應該由誰來制定法律，因為法律乃是公意的行為；我們既無

須問君主是否超乎法律之上，因為君主也是國家的成員；也無須問法律是否會不公正，因為沒有人會對自己本人不公正；更無須問何以人們既是自由的而又要服從法律，因為法律祇不過是我們自己意志的記錄。（《社會契約論》）

難以觸動的偏見

當風俗一旦確立，偏見一旦生根，再想加以改造就是一件危險而徒勞的事情了；人民甚至於不能容忍別人為了要消滅缺點而碰一碰自己的缺點，正像是愚蠢而膽小的病人一見到醫生就要發抖一樣。（《社會契約論》）

什麼是好的政府

衡量政府是否良好，不在於它有多少財富、多少人民，而在於它有多少活力、多少公正。

一個健全有力的體制乃是人們所必須追求的第一件事；我們應該更加重視一個良好的政府所產生的活力，而不祇是看到一個廣闊的領土所提供的豐富的資源。（《社會契約論》）

政府存在的目的是為了人民的福祉，好的政府犧牲自己而保全人民。

困難就在於以什麼方式在整體之中安排這個附屬的整體，從而使它在確定自己的體制時，決不至於變更總的體制，從而使它始終能夠區別以保存自身為目的的個別力量和以保存國家為目的的公共力量；從而，一言以蔽之，使它永遠準備著為人民而犧牲政府，卻不是為政府而犧牲人民。（《社會契約論》）

平等是相對的

至於平等，這個名詞絕不是指權力與財富的程度應當絕對相等；而是說，就權力而言，則它應該不能成為任何暴力並且祇有憑職位與法律才能加以行使；就財富而言，則沒有一個公民可以富得足以購買另一人，也沒有一個公民窮得不得不出賣自身。這就要求大人物這一方必須節制財富與權勢，而小人物這一方必須節制貪得與妄求。（《社會契約論》）

自由是意志和行動的一致

一切自由的行為，都是由兩種原因的結合而產生的：一種是精神的原因，亦即決定這種行動的意志；另一種是物理的原因，亦即執行這種行動的力量。當我朝著一個目標前進時，首先必須是我想要走到那裡去；其次必須是我的腳步能帶動我到那裡去。（《社會契約論》）

治理國家更難

征服一個國家要比治理一個國家容易得多。有一根足夠長的槓杆，人們祇消用一個手指頭便能夠搖動全世界；可是要擔負起全世界來，卻非得有赫居里士（希臘神話中的大力神）的肩膀不可了。（《社會契約論》）

不可役使別人

唯有一種法律，就其本性而言，必須要有全體一致的同意：那就是社會公約。因為政治的結合乃是全世界上最自願的行為。每一個人既然生來是自由的，並且是自己的主人，所以任何別人在任何可能的藉口之下，都不能不得他本人的認可就役使他。斷言奴隸的兒子生來就是奴隸，

那就等於斷言他生來就不是人。（《社會契約論》）

統治者是法律的臣僕

法律面前，人人平等，當統治者僭越了法律的時候，統治者賴以存在的根基法律本身，也便像統治者一樣毫無價值了。

法律不僅要把公民關進牢籠，還要把統治者關進牢籠，這才是公平的法律。

統治者是法律的臣僕，他的全部法律都建立於法律之上。（《論政治經濟學》）

窮人與富人

當國家有了需要保護的窮人和應加約束的富人時，國家就已經面臨著莫大的禍害。這時法律的力量就祇能施之於中等階級；他們對於富人的富足和窮人的貧乏都無能為力。富人嘲弄它們，而窮人卻躲避它們。前者衝破法網，而後者穿過法網。（《論政治經濟學》）

Jean-Jacques
Rousseau

第八章

自然與宗教

關於徒步旅行

旅行，是另一種夢想的實現。即使命運注定我們不能走得更遠，但我們的心卻可以飛得更高。

不管騎馬還是徒步，我都同樣高興，如果能這樣旅行一輩子，那更是我求之不得的。然而命運已經注定，我達不到那麼遠的地方。

我終生最大的憾事，就是沒有寫旅行日記，以致生活中的許多細節今天都記不得了。我任何時候也沒有像我獨自徒步旅行時想得那樣多，生活得那樣有意義，那樣感到過自己的存在，如果可以這樣說的話，那樣充分地表現出我就是我。步行時有一種啟發和激勵我的思想的東西。而我在靜靜坐著的時候，卻差不多不能思考，為了使我的精神活躍起來，就必須使我的身體處於活動狀態。田野的風光，接連不斷的秀麗景色，清新的空氣，由於步行而帶來的良好食欲和飽滿精神，在小酒館吃飯時的自由自在，遠離使我感到依賴之苦的事物：這一切解放了我的心靈，給我以大膽思考的勇氣，可以說將我投身在一片汪洋般的事物之中，讓我隨心所欲地大膽地組織它們，選擇它們，占有它們。我以主人的身份支配著整個大自然。我的心從這一事物漫遊到那一事物，遇到合我心意的東西便與之物我交融、渾然成為一體，種種動人的形象環繞在我心靈的周

圍，使之陶醉在甘美舒暢的感情之中。（《懺悔錄》）

享受夜色

有一次，盧梭夜宿街頭，這使他突然發現了大自然夜色的美。

那一天白晝非常熱，傍晚的景色卻令人陶醉：露水滋潤著萎靡的花草，沒有風，四周異常寧靜，空氣涼爽宜人；日落之際，天空一片深紅色的雲靄，映照在水面上，把河水染成了薔薇色；高臺那邊的樹上，夜鶯成群，它們的歌聲此呼彼應。

多麼美好的夜色啊！當你身心疲憊，卸去一天的工作時，不妨去踏著夜色散步。

我在那裡漫步，恍若置身仙境，聽憑我的感官和心靈盡情享受。（《懺悔錄》）

鄉村之美

雖然天還很冷，甚至還有些殘雪，大地卻已經開始萌動了；紫羅蘭和迎春花已經開了，樹木的苞芽也開始微綻。我到的當天晚上，差不多就在我的窗前，在毗連住宅

的一片林子裡就聽到了夜鶯的歌唱。我朦朧地睡了一陣之後醒來，忘記了已經遷居，還以為是在格勒內爾路呢。忽然一陣鶯聲叩動了我的心弦，我在狂喜中叫道：「我全部的心願終於實現了！」我首先關心的就是我對周圍的那些鄉村景物的印象如何。我先不安排我的房間，而是先出去散步。在我的住宅周圍，沒有一條小徑，沒有一片樹林，沒有一叢灌木，沒有一塊僻壤，不是我在第二天就跑遍了的。我越觀察這個媚人的幽境，就越覺得它是為我而設的。這地方僻靜而不荒野，使我恍如遁跡天涯。它具有那種都市附近難以找到的美麗景色；你突然置身其中，就絕對不能相信這裡距巴黎祇有四里之遙。（《懺悔錄》）

多麼美好的鄉村景色啊！如果你厭倦了城市的忙碌和奔波，不妨到鄉野之間去舒展一下自己的心靈吧！

尊重體力勞動者

瓦戎（Varron，即Varro，羅馬歷史學家，此處所提及的話見西古尼烏斯《古代羅馬公民法》一書中所引）說過，我們高尚的祖先們在鄉村裡奠定了那些茁壯而勇敢的人的地基，那些人在戰爭時期保衛著他們，在和平時期養活著他們；這話並不是沒有道理的。（《社會契約論》）

農民，供給我們糧食；建築工人，為我們建造大廈；鋪路工，為我們修建公路。衣食住行用，都離不開他們。他們幹著最累的活，拿著最低的工資，卻受到最重的蔑視。請尊重那些給我們面包和牛奶的人吧！

這就是何以結果終於到處都要偏愛賞心悅目的才華而不愛真實有用的才華的緣故了；並且這種經驗自從科學與藝術復興以來，祇是格外地在加強。我們有的是物理學家、幾何學家、化學家、天文家、詩人、音樂家和畫家，可是我們再也沒有公民，或者說，如果還有的話，也是分散在窮鄉僻壤，被人漠視和輕蔑而終於消逝的。那些給我們以面包的人、給我們孩子以牛奶的人所遭遇的情況便是如此，他們從我們這兒所獲得的情感便是如此。（《論科學與藝術》）

論人類的苦難

自然，不是我們苦難的根源。澇災、旱災，是我們不珍惜水源、破壞植被的結果；空氣渾濁，是我們排放太多廢氣的緣故。自然母親鍾愛它的孩子，而頑皮的孩子卻喜歡撕破自然母親的裙衫。

我倒是比他更有資格去歷數和衡量人生的痛苦的，

所以我對人生的痛苦作了一個公正的審查,並且證明給他聽,在所有這些痛苦之中,沒有一個痛苦能怪罪天意,沒有一個痛苦不是出於人對自己才能的濫用者多,出於大自然本身者少。（《懺悔錄》）

自然中的府第

房子不僅是睡覺的地方,更是放鬆自我的地方,尤其是當你的房子被自然包裹著的時候。

在橙樹園與大水池中間就是那個小府第。這座建築物和周圍那塊地以前是屬於那著名的勒・布倫的,這位大畫師著意用他那修養有素的建築與裝飾的絕妙美感,建築並裝飾了這所房屋。這個府第後來又經重建,但始終還依照原主的圖樣。房子很小,很簡單,但很雅致。因為它是在谷底,介乎橙園的小塘和那個大水池之間,很容易受潮,就在房子當中穿了一個明廊,上下兩層排柱,使空氣可以在全屋流通,所以雖然地點低濕,還可以保持乾燥。當你從對面為房子作遠景的那帶高地望這所房子的時候,房子就像是被水環繞著一樣,你簡直以為看見了一個迷人的小島,或者是看見了馬約爾湖內三個波羅美島當中最美麗的Isola Bella (意大利文：美麗的島。馬

約爾湖在意大利與瑞士之間，以風景秀麗著稱）。

他們叫我在這所幽靜的建築裡挑選一套房間——裡面的房間一共有四套，樓下一層還有舞廳、彈子房和厨房。我就挑了厨房頂上那最小、最簡單的一套，連下面的厨房我也占用了。這套房間乾淨極了，傢具都是白色和藍色的。我就是在這個深沉恬靜的幽境裡，對著四周的林泉，聽著各種鳥兒的歌聲，聞著橙花的香氣，在悠然神往中寫了《愛彌兒》的第五卷。這卷書的清新色彩，大部分都是得之於寫書的環境所給我的那種強烈印象。（《懺悔錄》）

沒有比這更美的府第了，它以自然做地基，山谷做裝飾，流水做風鈴……

讚美大自然

大自然是神跡，無法言表。

我一向是熱愛水的，一見到水就沉入那滋味無窮的遐想，雖然時常沒有明確的目標。天氣晴朗的時候，我一起床總是忘不了跑到平臺上去呼吸早晨那清新而又有益健康的空氣，極目眺望美麗的湖對岸的天際，湖岸和沿湖的山嶺構成了一片賞心悅目的景色。我覺得對神的崇敬，沒

有比這種由靜觀神的業績而激起的無言的讚美更恰當的
了，這種讚美不是具體的行動所能表達出來的。（《懺悔
錄》）

美麗的沙灘

　　我已經養成了習慣，天天晚上跑到沙灘上去坐，特
別是在湖上有風浪的時候，我看著波濤在我的腳前化作泡
沫，便感到一種奇特的樂趣。它使我覺得這正是人世的風
波和我住所的寧靜的象徵，我有時想到這裡便覺得心頭發
軟，直感到眼淚奪眶而出。（《懺悔錄》）

動物也有感覺

　　有一種魚，叫鬥魚；有一種雞，叫鬥雞；有一種愛
好，叫鬥鳥；有一種癖好，叫鬥蛐蛐、鬥鵪鶉、鬥黃騰
（黃騰鳥）……

　　要知道，它們也會哭，也會疼痛，也會悲傷，也會絕
望。它們有感覺。如果我們不肯傷害自己的孩子，那麼也
請不要傷害它們，因為它們和我們的孩子有一個共通點：
感覺。

實際上，我所以不應當傷害我的同類，這似乎並不是因為他是一個有理性的生物，而是因為他是一個有感覺的生物。這種性質，既然是人與禽獸所共有的，至少應當給予禽獸一種權利，即在對人毫無益處的情況下，人不應當虐待禽獸。（《論人類不平等的起源和基礎》）

善待動物

「你問我，」普盧塔克說道，「畢達哥拉斯為什麼不吃獸類的肉；可是我，我倒要反過來問問你，第一個人要有多大的勇氣才能把打死的獸類的肉拿到嘴邊，才能用牙齒咬碎那垂死的動物的骨頭，才能在面前擺著死了的動物，吃那些屍體，而且把片刻之前還在叫、在吼、在走、在看的動物的肢體吞到胃裡去。他的手怎能把一塊鐵器插進一個有感覺的生物的心臟？他的眼睛怎能忍心去看那殺戮的情形？他怎能忍心看那可憐無助的動物流血、被剝下了皮和被肢解？他怎能忍心看那顫動的肉？它們的氣味怎麼會不使他感到惡心？當他去清除那傷口上的污物，洗滌那凝在傷口上的污血時，他怎麼會不感到厭惡和害怕呢？

「剝下的皮在地上跳動，火上燒烤的肉在哀鳴，吃肉的人不能不戰栗，聽見它們在腹中訴泣。

「當他第一次違反自然，做這樣一頓可怕的膳食時，心中的感觸和想象一定是這個樣子，當他第一次看見一個活活的牲畜而感到饑餓的時候，當他想吃掉那還在吃草的動物的時候，當他叫別人把那隻正在舐他的手的羊羔戮死和砍成碎塊烹煮的時候，他心中是一定有這種感觸的。使我們感到驚嚇的，是那些最先享用這種殘忍的盛餐的人，而不是那些拋棄這種盛餐的人；不過，起初享用這種盛餐的人雖然野蠻，但還有幾分理由，而在我們，是沒有那種理由的，因此說明我們比他們還野蠻一百倍。

……

「你戰粟！你不敢用牙齒去咬那活鮮鮮的還在顫動的肉！可鄙的人呀！你先把那個動物殺死，然後才把它吃掉，這樣做，好像是為了叫它死兩次。這還不够，死肉還依然使你感到厭惡，你的腸胃接受不了，必須把它拿在火上做過，煮過，烤過，用藥材調配味道和改變它的形象；你要屠夫、廚工和炙肉師替你消除屠殺的恐怖痕跡和烹調那死了的軀體，以便讓味覺在烹調技術的欺瞞之下不至於對那些奇異的味道感到難吃，而且還津津有味地品嘗那目不忍覩的屍體。」（《愛彌兒》）

關於動物

我一向特別喜歡馴養動物，尤其是馴養一些膽小的野生動物。我認為把它們馴養得善於聽從人意，是很有趣的一件事，我從來沒有利用它們對我的信任而去捉弄它們，我願意叫它們毫無畏懼地愛我。（《懺悔錄》）

人類強大的自然屬性

文明戰勝野蠻，是一種相對的說法，在自然界中，強力比文明更重要。人來自自然，不要因為文明的發展而忽略人類自然的本性吧！

如果一個文明人有充分時間把這一切工具收集在自己身旁，毫無疑問，他會很容易地戰勝野蠻人。但是，如果你有心觀看一個更不勢均力敵的戰鬥，使這兩種人赤身露體、赤手空拳地較量一番，你馬上就會承認：具有隨時可以使用的一切力量的、永遠在準備著應付任何事故的、也可以說本身自始至終就具備了一切的那一個人，占著何等的優勢。（《論人類不平等的起源和基礎》）

我們是自己疾病的根源

倘若我們自己給自己造成的疾病比醫學所能提供給我們的治療方法還要多的話，那應當怎樣解釋呢？生活方式上的極度不平等，一些人的過度閒逸，另一些人的過度勞累；食欲和性欲的易於激起和易於得到滿足；富人們過於考究的食品，供給他們增加熱量的養分，同時卻使他們受到消化不良的苦痛；窮人們的食物不但粗劣，甚至時常缺乏，以致一有機會他們便不免貪食，因而加重腸胃的負擔；徹夜不眠以及種種的過度；各種情欲的放縱、體力的疲勞和精神的涸竭；在種種情況下人們所感受到的無數煩惱和痛苦，使他們的心靈得不到片刻安寧。這一切都是不幸的憑證，足以證明人類的不幸大部分都是人類自己造成的，同時也證明，如果我們能夠始終保持自然給我們安排的簡樸、單純、孤獨的生活方式，我們幾乎能夠完全免去這些不幸。如果自然曾經注定了我們是健康的人，我幾乎敢於斷言，思考的狀態是違反自然的一種狀態，而沉思的人乃是一種變了質的動物。（《論人類不平等的起源和基礎》）

過度的欲望超出自然的需要

在我看來，任何一個動物無非是一部精巧的機器，自然給這部機器一些感官，使它自己活動起來，並在某種程度上對於一切企圖毀滅它或干擾它的東西實行自衛。在人體這部機器上，我恰恰看到同樣的東西，但有這樣一個差別：在禽獸的動作中，自然支配一切，而人則以自由主動者的資格參與其本身的動作。禽獸根據本能決定取捨，而人則通過自由行為決定取捨。因此，禽獸雖在對它有利的時候，也不會違背自然給它規定的規則，而人則往往雖對自己有害也會違背這種規則。正因為這樣，一隻鴿子會餓死在滿盛美味的肉食的大盆旁邊；一隻貓會餓死在水果或谷物堆上，其實這兩種動物，如果想到去嘗試一下，並不是不能以它們所不喜歡的食物為生的。正因為這樣，一些生活放蕩的人，才會耽溺於招致疾病或死亡的種種淫樂，因為精神能使感官遭受破壞，當自然的需要已經得到滿足的時候，意志卻還提出要求。（《論人類不平等的起源和基礎》）

自然是無私的

自然對人和動物都是無私的，它賦予每種生命生存的

權利，它的偏愛不過是種兼愛罷了。

　　自然用一種偏愛來對待所有在它照管之下的那些動物，這種偏愛好像是在表示自然如何珍視它對這些動物加以照管的權利。

　　我還可以指出，北方的民族一般說來比南方的民族較為智巧，因為他們非如此不能生活下去。好像自然願意這樣調整事物以使它們趨於平等，在它拒絕把富饒給予土地的地方，便把富饒賜給了精神。（《論人類不平等的起源和基礎》）

沉浸在自然之中

　　大樹、灌木、花草是大地的飾物和衣裝。再沒有比祇有石子、爛泥、沙土的光禿禿的田野更悲慘淒涼的了。而當大地在大自然的吹拂下獲得勃勃生機，在潺潺流水和悅耳的鳥鳴聲中蒙上新娘的披紗，它就通過動物、植物、礦物三界的和諧，向人們呈現出一派充滿生機、興趣盎然、魅力無比的景象——這是我們的眼睛百看不厭、我們的心百思不厭的唯一的景象。沉思者的心靈越是敏感，他就越加投身於這一和諧在他心頭激起的心曠神怡的境界之中。甘美深沉的遐思吸引了他的感官，他陶醉於廣漠的天地之

間，感到自己已同天地融為一體。

　　任何與個人有關的事，任何與我肉體的利害有關的事，都不會在我心中占據真正的地位。祇有當我處於忘我的境界時，我的沉思、我的遐想才最為甜美。當我跟天地萬物融為一體，當我跟整個自然打成一片時，我感到心醉神迷，欣喜若狂，非言語所能形容。（《漫步遐想錄》）

自然給予我生命的真諦

　　人在受傷的時候，總是能從大自然中得到力量。

　　河流，山谷，樹木，還有吹過我們耳畔的風，都點綴著夜色。

　　當盧梭散步被車撞倒蘇醒後，大自然給了他生命新的啟示。

　　天越來越黑了。我看到天空、幾顆星星以及一小片花草。這第一感覺的一剎那真是甜蜜。我祇是通過這一感覺才感到自己的存在。（《漫步遐想錄》）

學會欣賞自然

　　植物學家對植物進行分類，動物學家研究動物的進

化，作為普通人，我們要以審美的眼光欣賞自然。

花草的絢麗，樹木的清新，田野的濃綠，森林的濃密：

所有這些美妙動人的形象，那些祇知道研鉢舂搗的人是不會感興趣的，而人們也就不會在調制灌腸劑的花草中去搜尋為牧羊女編織花冠的材料了。（《漫步遐想錄》）

不要改造大自然

在自然中，一切都是完美的；祇有經過人工改造的自然，才是有缺陷的。

出自造物主之手的東西，都是好的，而一到了人的手裡，就全變壞了。他要強使一種土地滋生另一種土地的東西，強使一種樹木結出另一種樹木的果實。（《愛彌兒》）

上帝是公正的

上帝是公正而慈愛的，他尊重大多數人的福祉。理解了上帝，就理解了正義和美德。

無論哪一個上帝，要是他單單祇挑選一個民族而排斥

其他的人類的話，他就不是人類共同的父親；要是他使最多數的人注定要遭受永恒的痛苦，他就不是我的理性所告訴我的慈悲和善良的神。（《愛彌兒》）

上帝需要真心的崇拜

我把各種宗教都同樣看做是有益的制度，它們在每一個國家中制定了一種公眾一致采用的敬拜上帝的方法，它們在每一個國家的風土、政治、人民的天性或其他因時因地使大家喜歡這種宗教而不喜歡那種宗教的地方原因中找到了它們存在的理由。祇要大家在那些宗教中適當地敬奉上帝，我便認為它們都是好宗教。真正的崇拜是心的崇拜。祇要是真心誠意地崇拜，則不論崇拜的形式怎樣，上帝都是不會拒絕的。（《愛彌兒》）

宗教呼喚美德

此外，不管你最後的決定怎樣，你都要記住：真正的宗教的義務是不受人類制度的影響的，真正的心就是神靈的真正的殿堂，不管你在哪一個國家和哪一個教派，都要以愛上帝勝於愛一切和愛鄰人如同愛自己作為法律的總

綱；任何宗教都不能免除道德的天職，祇有道德的天職才是真正的要旨；在這些天職中，為首的一個是內心的崇拜；沒有信念，就沒有真正的美德。（《愛彌兒》）

自然淨化心靈

不是官殿、亭榭、劇場，而是橡樹、黑松樹、山毛櫸高聳在山巔，它們仿佛連同樹尖把人的眼睛和思想帶著直上雲霄。

人們在上昇到人寰以上的天空時，仿佛把一切低劣的和塵世的感情都拋棄了，而且隨著接近於蒼天，人們的靈魂也沾染到了天上永恒的純淨。人們到那兒會變得嚴肅而不憂鬱，平靜而不慵懶，既樂生又多思：一切太強烈的欲念淡化了；使人感到痛苦的那種尖銳性消失了；在心頭祇剩下輕鬆愉快的感覺；這便是舒適宜人的氣候使在別處感到苦惱的激情能夠造福於人。（《新愛洛漪絲》）

人不應該成為別人的工具

自然賦予人高貴的天賦，它不役使人，不使人成為人的工具。

大自然似乎給人們以不同才能來適應他們的不同職務，不管他們生下來是什麼地位。對於這一點她回答我說，有兩件事要在才能之前先加考慮，即習俗和幸福。她說：「人是種太尊貴的動物，他不應該單純地作為替他人服務的工具，對他的使用不應該祇求適應於他們，卻不同時適應於他自己：因為人並不是為了位置而生，而位置是為了他們而設；為了適當地分配事情，不應該祇尋求每個人對事情最合適，而應該使事情更適合於每個人，盡可能使之適當和幸福。決不允許為了使其他人的利益而損壞一個人的靈魂，也不應為了替正直的人們服務而培植一個壞蛋。」（《新愛洛漪絲》）

Jean-Jacques
Rousseau

第九章

友誼的真諦

朋友交往要至誠

人生中會碰到很多人，有的成為我們生命中的過客；有的成為我們一生中的患難知己。

而真正的友誼——

往往使我對那個愉快的、默默無聞的時期感到留戀，那時自稱是我的朋友的人們，都是愛我這個人而跟我交朋友，他們對我的友情純粹出於至誠，而不是出於和一個名人來往的虛榮心，也不是居心尋求更多的機會來損害他。（《懺悔錄》）

朋友是港灣

我很樂意看到他在社會上取得成功，但是我不願意他因此而把朋友忘掉。我有一天對他說：「格里姆，你把我疏遠了，我原諒你。將來當你在那轟轟烈烈的成功所給你的最初的陶醉過了之後，感覺到空虛的時候，我希望你回到我這裡來，你隨時可以找到我……」（《懺悔錄》）

當我們寂寞孤獨時，朋友可以接納我們；當我們繁華卸盡，朋友仍然支持我們，這才是真正的友誼。

敵人也會為你主持公道

不要認為你的敵人一無是處，有時，最瞭解你的就是他們；有時，最敢於出來為你主持正義的也是他們。

昨天辱罵我的人，今天竟在正廳裡大叫大嚷，說這樣剝奪一個作家的入場權，實在可恥，說這個作家完全有權享受這種權利，甚至還可以要求雙份權利。意大利的諺語說得不錯，人人都在別人的事情上才主持公道。（《懺悔錄》）

善於向對手學習

敵人不但會為你主持公道，在他身上還有值得你學習的地方。要知道，能做你敵手的人，大多具有和你相當的才能。

要學習，甚至從自己的敵人那裡去學習怎樣做到明智、真實、謙虛，學習怎樣避免自視過高，這總不會為時太晚的。（《漫步遐想錄》）

不要錯交朋友

錯交了朋友固然是不幸，從那麼甜蜜的一個錯誤中

醒悟過來又是一個不幸，其殘酷的程度，殆有過之而無不及。（《懺悔錄》）

朋友需要坦誠

關於絕交，社會上有些所謂既成準則，這些準則似乎都是根據騙人與賣友的精神定出來的。你已經不是某人的朋友了，卻還顯出是某人的朋友的樣子，這就是你想留一手兒，好欺騙老實人以便來損害某人。我還記得，當那位大名鼎鼎的孟德斯鳩和杜爾納明神父絕交的時候，他趕快公開聲明，對任何人都說：「杜爾納明神父談我或我談杜爾納明神父，你們都不要聽，因為我們已經不是朋友了。」這一舉動曾大受讚賞，大家都誇獎他的坦率與豪邁。（《懺悔錄》）

不要支配你的朋友

不要強行施恩惠於你的朋友，要知道，把麵包強行塞到一個並不饑餓的人手裡，得到的往往是拒絕；也不要試圖支配你的朋友，因為自由和友誼同等可貴。

我的那些充當保護人的朋友拼命要支配我的命運，不

由分說地要把我置於他們的所謂恩惠的奴役之下，真叫我厭惡透了，我決計從此祇要以善意相待的交情，這種交情並不妨礙自由，卻構成人生的樂趣，同時有平等精神作為基礎。（《懺悔錄》）

朋友需要互訴衷腸

互訴衷腸，才能走到對方的心靈深處。

她有她的苦處，我有我的苦處。彼此傾訴衷腸就使我們覺得我們的單獨交談是饒有興趣的事，沒有比兩人在一起對泣的那種甜蜜滋味更能把心和心聯係起來的了。我們倆設法會面，互相安慰，這種需要常使我把很多事情都原諒過去了。（《懺悔錄》）

顯示真自我

朋友之間的交往不需要虛偽的裝飾，本質上不相投的人，不會成為真正的朋友。

我交朋友有個牢不可破的原則，就是在他們眼裡正確地顯示我的真面目，不要顯得比實際好些或壞些。（《懺悔錄》）

在朋友面前堅持真理

雖然如此，羅甘先生還是不能忘記我在這件事上拂逆了他的意願。我心裡卻是泰然的，因為我深信，我對他和對他的家庭，都盡了最神聖的友誼所規定的義務，這個義務並不是事事逢迎，而是事事都進些最好的忠告。（《懺悔錄》）

所以，不要順從朋友的偏見，要給予糾正，這大概就是古人所謂的「諍友」吧！

聽取朋友的聲音

好朋友會規勸你，以免你走向泥潭；當別人引誘你的時候，你要聽取朋友的建議。

在一個正直和富於情感的心中，一個忠實的朋友的聲音將壓倒二十個引誘者的叫囂。（《愛彌兒》）

友誼是非功利的

我和我所交往的人之間的唯一的聯係是：互相友愛、興趣一致和性情相投；我將以成年人而不以有錢人的身份同他們交往；我不容許在我和他們交往的樂趣中摻雜有利

害關係的毒素。（《愛彌兒》）

不要相信「一見如故」

「白頭如新，傾蓋如故」，有些友誼是上天賜予的，但並不是所有的「一見如故」都含有友誼的種子。那種表面對你熱情，內心卻不關心你的朋友，不是真朋友。他們不會與你共患難，祇能與你同富貴。

我非常害怕一個初次見面而把我當做二十年的老朋友的人；在二十年後，當我有重要事情請他幫忙時，卻把我當做陌生人。當我看到一些很輕浮的人，對那麼多的人產生極大的興趣時，我敢相信他們多半對誰都不會感興趣的。（《新愛洛漪絲》）

朋友的眼睛

群眾的眼睛是雪亮的，朋友的眼睛是睿智的，當我們不能抉擇時，不妨聽聽朋友的意見，也許就會豁然開朗。

為了抵抗誘惑，我單獨可以對付；為了選擇，我需要朋友的眼睛。（《新愛洛漪絲》）

心靈之交才是真朋友

不是有人群就構成了社交關係，如果心與心之間相互排斥，身體相互接近亦是徒勞。真正易於交往的人在交友上是比別人更苛刻的，那些祇在虛假表面上存在的關係對他是不會適合的。（《對話錄》）

國家圖書館出版品預行編目資料

盧梭幸福語錄 / 薛玉楠著. -- 修訂 1 版. -- 新北
市：黃山國際出版社有限公司, 2023.05
　　　　面；　　公分. --（幸福語錄；02）
ISBN 978-986-397-137-5（平裝）
1.CST：盧梭（Rousseau, Jean-Jacques, 1712-1778）
2.CST：學術思想 3.CST：西洋哲學

　　　　146.42　　　　112003032

幸福語錄 002
盧梭幸福語錄

著　　作　薛玉楠
印　　刷　百通科技股份有限公司
　　　　　電話：02-86926066　傳真：02-86926016
出　　版　黃山國際出版社有限公司
　　　　　220 新北市板橋區縣民大道 3 段 93 巷 30 弄 25 號 1 樓
　　　　　電話：02-32343788　　傳真：02-22234544
　E-mail　pftwsdom@ms7.hinet.net
總 經 銷　貿騰發賣股份有限公司
　　　　　新北市 235 中和區立德街 136 號 6 樓
　　　　　電話：02-82275988　　傳真：02-82275989
　　　　　網址：www.namode.com
版　　次　2023 年 5 月修訂 1 版
特　　價　新台幣 280 元（缺頁或破損的書，請寄回更換）

ISBN： 978-986-397-137-5